偶然に賭ける男

横浜・貿易商人
孤軍奮闘の歩み

諸見公一路

風塵社

はじめに

平成19（2007）年頃に定年を迎えた団塊の世代（昭和22〜24年生まれ）の人々の今日までの歩みは、戦後の廃墟から出発した日本経済の歩みと並行してきた。先人が作り上げたいろいろな技術やノウハウを継承するとともに、これまでの数々の経済動乱を乗り越えて今日の経済大国に導いた最前線の企業戦士の歩みでもある。

戦後の廃墟の中で、朝鮮動乱（昭和25年）の軍事景気が日本経済の復興を促した。さらに、今日の経済と生活を支えるコンピュータの源であるトランジスタが、昭和23年に米国のウィリアム・ショックレー博士らの手で発明されると、それを先駆けて取り入れたトランジスタ・ラジオが日本の一メーカーから世界に発信（昭和32年頃）され、「輸出型電子立国」を中心としての経済発展の基盤を作る。

「団塊の世代」より数年早い昭和17（1942）年に生を受けた本書の主人公である牧村は、半世紀の中で生じた数々の経済変動に巻き込まれることになった。昭和46年12月のスミソニアン協定でそれまでの1ドル360円時代が崩壊し、その2年後の昭和48年には、固定相場から変動相場制に移行した。その昭和48年の第一次オイル・ショック、さらに昭和54年の第二次オイル・ショック下では不安定な為替相場が世界経済を支配した。ついに昭和60年の為替レート安定化に関する「プラザ合意」（ドル高是正）後、日本経済はバブル経済に向かっていき、狂乱物価高を背景に土地を担保にした銀行の狂乱貸付が横行した。そして、平成元年4月の3％消費税導入後、バブル経済の崩壊で生じた銀行の不良債権処理が中小・零細企業への貸し渋り、貸し剥がしを呼び起こした。それに対応して政府は信用保証制度の拡大を促進する。ところが、それを悪用した再度の銀行の狂乱貸付の果て、利息制限法を完全に無視した高利の商工ローン、サラ金、それにヤミ金といった不法金融が台頭していく。

こうした昭和と平成の動乱した経済情勢の中、牧村がその時その時に遭遇した偶然が導く運命は、また新たに遭遇する偶然が作り出す運命を積み重ねていった。本書は、そうした生き様を、物語ったものである。

平成30年5月

著者

偶然に賭ける男　—　目次

第1章　あれから2週間（平成16年1月26日〜28日）

（1）1本の電話

あれからちょうど2週間経った。牧村はいまだにこれは悪夢に違いないと、ウイークリーマンションの1室で自問自答していた。このような事態になるとは、あの日の午後4時まで一度も考え、思ったこともなく、全て計画通りに進み、そして1月末を完全にクリアできると信じられるほど、全てのことが順調に計画通りに運ばれていた。それがなぜこうなったのか！　あの1本の電話だった。

「社長、明日の支払い大丈夫ですか？」

有名な牛丼チェーンと同じY屋を名乗る街金業者の加藤から、牧村以外だれもまだ出社してない8時半ちょっと過ぎの朝1番の電話であった。

この街金業者とは2回目の取引で、1回目（分割支払）は全て契約通りに、しかも毎回支払前日には期日と支払金額をFAXで確認し実行したという几帳面さゆえに、この業者に好条件の融資を決意させたのがこの2回目の取引であった。

2回目の融資の1回目の支払前日の電話がこれで、牧村は「資金は予定通り用意してある」と、いつものように「当然だよ」といった口調で答えると、「上の方から、明日の支払いに2回目と3回目の支払いを一緒にしてくれれば、300万円の同日追加融資ができると言っているので、どうでしょうか?」と加藤が打診してきたのが、この1月26日、月曜日の朝1番の電話の趣旨であった。

月末の入金次第では保証協会の借入返済に多少のショートが出るかもしれないと、その資金調達の方法を考えていた矢先の電話であったので、牧村は「分かった。折り返し電話するから少し時間をくれ」と言って、自分自身の運の強さを心の中で誇っていた。これがこの業者の債権回収の罠であるとは、その時はまったく気付かなかった。

(2) 経 緯

牧村は、この「グローバル通商株式会社」を昭和58年2月に、電子部品と自動車中古（解体）部品の輸出を主体にして立ち上げた。プラザ合意（昭和60年）後の急激な円高により電子部品の輸出も徐々に消え、中古自動車とその解体部品の輸出が主力になり、バブル崩壊後の不景気と騒がれる中でも、驚異的に業績を伸ばし、平成7年頃には年商9億円を越える会社になっていた。

牧村は、この車両部を専務以下のスタッフに任せて、輸入国内販売部門を発足させ、通信販売会社への卸を開始したのは平成8年から9年にかけてであった。

平成10年には小渕内閣が提唱した「IT革命」に乗じて、インターネット上でのネット販売に参入した。しかし、この不況は徐々に自動車業界にも浸透し、新車販売台数が減少し始めると同時に、それに加えていろいろな外部要因が重なって、車両部が不採算化へと進み、平成12年11月決算ではついに赤字に転落。その欠損は日を追うごとに増加し、牧村は平成13年9月11日の「米国同時多発テロ」を期して、車両部の完全閉鎖を決意すると同時に、グローバル通商の再建に取り掛かった。

平成16年12月末を最終目標とし、第1目標を平成15年10月、第2目標を翌11月、第3目標を翌16年の2月にしての緻密な1年半計画を立てた。第1目標と第2目標を何とか無事にクリアし、翌年2月の第3目標を完全にクリアするための構想は出来上がっていたが、そのためには、1月末を何がなんでも、いかなる手段を講じてでも、乗り切ることが必須であった。

1月末を確実に乗り切るために、数カ月前から牧村はやむをえず、10社以上の街金業者を利用していた。26日の支払い以降には、月末までの残り数社の支払いがあったが、その支払いの手配は出来上がっていた。

（3）魔の2日間

明日の3回分の一括支払いに対して、他の業者に用意した資金を利用すれば全て解決すると結論づけた15分後、「明日一括返済すれば、明日の何時頃に300万円を届けてくれるのか？」と電話で問い合わせると、「午前中に全額振り込みをしてくれれば、遅くても夕方4時までに届けられる」という加藤からの回答で、牧村は明日午前中の全額振り込みを半ば心に決めた。

翌27日の朝、今日の午前中に全額振り込みを腹に決めたものの、牧村には金を先に出すことにまだ一抹の不安があった。しかし、月末の保証協会への借入返済の資金は卸関係の売掛入金を当てにしての手配で、その方にもいまだ多少の不安があり完全といえる状態でもなかった。もし、先月末のように入金ずれが起こった場合を考えた時、「備えあれば憂いなし」の心境で、正午までにまだ時間があると自分自身に言い聞かせながら、頭の中は「なすべきか、なさざるべきか」の堂々巡りで、無意味に時間が経過するだけであった。

思い余った牧村は、ゆっくりと受話器を取り上げ、加藤の携帯番号を打ち入れた。数回のコールで応答した加藤に「これから振り込みに行くが、間違いなく実行してくれるか」と、最終決断を下す前に執拗に再確認せざるを得ないほどの心境にあった。

「午後2時までに入金確認が取れれば、間違いなく4時までに現金300万円を持参するので心配するな」との加藤の言葉を信じて、毎回業者への振り込みで利用している会社近くの都市銀行の使い慣れたATM機から、指示通り正午前に指定口座へ振り込みを終了させ、再確認の意味合いをも兼ね、銀行を出るや否や加藤に携帯で振り込み終了を告げた。

2時過ぎに加藤から入金確認が取れたのでこれから横浜へ向かい、横浜駅に着いたらもう一度電話するとの電話連絡は、牧村に1月末の完全クリアへの安堵感を与えた。

4時前に牧村の携帯が胸ポケットで振動し始めた。胸ポケットから携帯を取り出し、表示板を見ると加藤からだ。耳に当てると、

「社長……、加藤です。今横浜駅に着いたんですが、社の上司からの電話で、すぐに社に戻れとの命令なんで、今日そっちに行けなくなったんですわ」

自分の耳を疑いたくなるような意外な言葉が牧村の耳に入った。

「加藤さん、行けなくなったとは、一体どういうことなの？　横浜駅まで来ているんだから、ここまです

ぐだよ。届けてから戻ってもいいんじゃないの?」

「自分もよく分からないけど、上司は渡さないですぐ帰れと言っているので、とにかく、一度帰ってから電話するんで、それまで待ってくれないかな……」

すぐにでも電話を切りたがっている口調になった加藤を制しようと、牧村は、

「加藤さん、電話切っちゃダメだよ。あんたからの申し出通り午前中に振り込みやったんだよ。とにかく、約束通りにしたんだから、その300万置いてから帰ってよ。一体何が起こったの? その300万もらわないと、ウチの会社どうなるのか分かっているの? 倒産だよ」

ことの重大さが頭の中を走り回り、牧村の声も段々大きくなり、だれかに聞かれてはまずいと本能的に体が動いたのか、気が付いた時はトイレの洋式便器に座って、怒鳴り散らしていた。

「できればそうしたいけれど、雇われの身だから勝手なことはできないし……、上司の命令に背くことはできないですよ。分かってくださいよ、社長」

「まったく理解できないね、あんたの言っていること。一体どうするつもりなの?」

「自分も、なぜこうなったのかまったく分からない。自分が社を出た後、社長から上司に電話があり、何か上の方で、他の会社の件がお宅の会社と関連があり、今日の手渡しを止めろと命令され、上司も今はそれ以上のこと何も分からないと言っているんだ。そのまま戻れとの一点張りで、もう帰るしかないんだ。帰ったら間違いなく電話するから、ここらで帰らしてくださいよ」

加藤の声も段々悲痛の叫びになってきた。

「加藤さん、分かっているよね。この300万入らなかったら……、本当に、不渡りを出して倒産だよ。

最悪の場合は、今日の振り込み額から、2回目、3回目分を返してもらうよ。本当にどうなるのか分かっているの?」と言っても、加藤から何の言葉もなく、牧村は業者への支払いが予定されている明日の夕方までに、まだ打つ手があると思い、無言の加藤に話し続けた。

「分かった。しかし、どうしてもダメだとなれば、今回の話はなかったことにして、最初の契約に戻して、2回目と3回目分の額を返すか……、さもなければ、加藤さん、あんたが知っている他の業者を紹介するか、本当に、何とかしてよ。これじゃまるで、債権回収の罠にはまったようなものだ」

と、無言の加藤に対して牧村は一方的にしゃべりまくった後通話を切り、便器に座ったまま次の手を考えたが、残された短い時間と混乱した頭の中ではこれといった妙案も浮かばず、トイレから出ても何をする気力も失われ、加藤からの電話を待つしかなかった。

加藤から6時半過ぎに電話が入ったが、その説明の内容は、まったく具体性に欠け、抽象的な言葉ばかりである。加藤自身も自分で何を言っているのか分からないようなシドロモドロの口調で、何を質問しても「それは上でしか分からない」と言い続けるだけだった。それ以上の返答に困った加藤は、「もう一度確認してから電話する」と言って、その場から逃げるようにして電話を切った。

牧村は、一向に連絡をしてこない加藤を捕まえようと、加藤の携帯に20分ごとにかけ続けた。やっと夜中の11時過ぎの電話に応答した加藤は、

「社長、何回も電話をもらいながら……、どうもすみません。社長からだれでもかまわないから何とかしろと言われて、心当たりの知り合いの業者と掛け合っていたんです」

「……」

牧村は、無言で聞き入っていた。

「電話をもらった時は、まだ交渉中で答えようがなく……、結論が出たら電話するつもりでした」

「……」

牧村の無言が続く。

「今、帰宅したところで、少し整理してから電話しようと思っていたところに、社長から電話をもらった次第です。本当に、あんなことになって……。上からの命令は絶対で、あの状態では、あーするしかなかったんです」

「あの状態とは、どんな状態だったんだ」

無言だった牧村は、初めて口を開いた。

「社の規定で、現金を運ぶ時は、途中要所、要所で社に電話を入れることになっており、横浜駅に着いて、社に電話を入れた時に言われたものですから。社長に現金を渡した後であれば、自分も言い切れるところがあったのですが……。あの状態で言われた以上、渡したくても渡すわけにはいかず、帰社するしかなかったことを分かってください」

「加藤さん、本当にあの電話は横浜駅から？　今考えると、仕組まれた罠にしか思えないけどな……」

今日の一連の流れから見て、確実に罠にはめようと、あの電話は横浜駅からではなかったと考えた方が、筋が通っているように思えた。

「社長、信じてくださいよ。もし、最初から罠にはめようと計画したのであれば、社長からの電話に出ないし、その前に、社長からの入金確認が取れたので、これから横浜へ行くといった電話なんかしないですよ。間違いなく横浜駅まで行ったんですから、信じてください」

「しかし、取り止めになった理由、いまだにまったく釈然としないんだよな。それが分からない限り罠としか思えないよ。加藤さん、本当は何なの？」

「申し訳ない言い方になるけど、上からはそれ以上の説明がないんで分からないんです」

加藤が言うように、最初から罠にはめるつもりであれば、入金確認が取れたからこれから横浜へ行くといった電話なんかする必要もない。そういえば、加藤からは会社名が本当かどうか確認できるような資料、名刺ももらってなければ、住所も聞いてない。小切手と引き換えに現金を預かる分にはまったくリスクがないため、牧村はまったく気にも留めていなかった。それを考えれば、加藤の言い分は分かるが、それでも釈然としないところがある。

であれば、加藤の知らない上層部で考えた罠と考えられるが、それも今一つ理解に苦しむところがある。なぜこのような回りくどい回収方法をとる必要があったのか。これがこの業者の通常の回収方法であれば、二度と同一客との取引は不可能であり、非常に非効率な営業方針である。無論、これまでに牧村の支払いに遅延があったりして、その信用不安が業界に流れてのことであれば、今回の罠のような債権回収も考えられるが、牧村には推測外であった。では、なぜ？

これ以上加藤を問い詰めてもまったく無意味と判断して、明日の金策方法に切り替え、

「加藤さん、お宅の会社で何があったのか分からないが、この件はこれで終わりにしよう。それで、肩代わりしてくれる業者は見つかったんでしょ？」

「え、何とか1社と話がつきました。明日の午後、磯野という人が社長を訪ねることになっております。

磯野には、ウチの会社で1件事故が起こり、それで急遽社長への融資が今日できなくなった理由で、代行融資を頼んだことになっております」

「それで助かった。金額の方も話してあるよね？　それが一番重要だから」

「ええ、一応話しましたが、もう一度直接話してください。磯野もそのように言っていましたから」

加藤のハッキリしない言葉に牧村は多少落胆したが、これまでの交渉経験をもって、これまでの業者のように磯野をその気にさせるしかないと、そして、それは明日の話し合いに賭けるしかないと自分自身に言い聞かせていた。

「今日のことがあるから、ありがとうとは言えないことぐらいは、分かってくれるよね。本当にどエライことをやってくれたよ、加藤さん」

加藤から正確な金額の確証を得られなかった牧村は、多少投げやりな言い方になった。

「分かっています。本当に申し訳ありませんでした。それで、明日の朝磯野に再確認して、うかがう時間帯を社長に電話を入れますので、待っていてください」

「午前中はいろいろと用事が入っているので、午後2時過ぎに来るように言ってくれれば助かるから。じゃ、お願いしますよ」

と言って、牧村は受話器を戻した。

加藤と電話で長々と話し合った牧村は、グラスに注がれたストレートの焼酎を口に運びながら、長かった今日1日の流れが、酔いが出始めた頭の中をビデオテープの早送りのように駆け巡り始めた。同時に、完全に出来上がっていた1月末までの数日間の資金繰りが、今日半日でいとも簡単に崩れ落ち、明日からの新たな資金調達は加藤が手配した磯野との話し合いに委ねられた悔しい思いが、焼酎を口に運ぶピッチを速めた。

残された1月28日、29日と30日（金曜日）の3日間と2月2日（月曜日）には、通常業務と一般管理費に対する支払い、保証協会への借入返済、それに街金業者への支払いが集中していて、通常業務、一般管理費および借入金の支払いは、通常業務からの入金（卸とネット関係）で十分賄えられ、支払い後の余剰分は街金業者への支払いに充当されるが、全額をカバーできる資金状況ではなかった。

当然、その不足分は他の業者からの調達で確保されていたが、この計画には、通常業務の月末入金が全て期日通りに入金されることが必須条件であった。しかし、この月末入金にまだ一抹の不安が漂っていた。それだけに、用意してあった他の業者への支払い資金が無残にも、罠とも思える手法で回収され、明日の磯野との話し合いに賭けざるを得ない。この結末は、牧村に普段の酒量を越えさせ、いつの間にか座り続けていたソファで眠りに落ちていった。

翌朝9時過ぎに、加藤から約束通りの電話があり、午後2時前後に磯野の来社確認が知らされた。その電話が切れると同時に、今日28日の支払い予定のある街金業者から電話が入り、今日の集金は夜8時頃にしてほしいと、牧村にとってまことに都合のよい時間変更の依頼が入った。その業者の話によれば、栃木で一件事故が発生し、そこを先に回ってからの横浜行きを命じられたとのことで、牧村は何のためらいもなく即座にＯＫの返事をした。すでに加藤の言葉に乗せられて、この業者分も含め、今月末までの返済に用意した資金全部を昨日振り込み、1銭もない資金状態で今日の磯野次第であった。磯野からは、最低でも１５０万の調達が必要になっている。

午後2時過ぎに、会社の近くに来ている磯野から牧村の携帯に電話が入り、どこで会えるか尋ねてきた。牧村はこの貸ビルの9階と最上階の10階を使用し、9階を事務所、10階は倉庫と日々の発送場にしている。日々の発送準備は午後2時頃から始まり、発送量の多いときは6時頃までかかるために、業者との話し合いには10階を使用し、しかも、だれも10階に上がってこない午前中から午後2時頃までに決めている。磯野から電話が入った時、すでに10階は今日の発送準備で使用されていたので、磯野の乗ってきた車の色と車種、それに駐車している場所を確認して、必要書類一式をカバンに詰めて事務所を飛び出し、話し合いの場所は磯野と相談して決めることにした。

社の裏側の路地に駐車していた磯野の白い車はすぐ見つかった。牧村は助手席に座り、いつも使用している10階が、発送準備のために使用できないことを説明し、磯野の提案で近くのカラオケ店の一室へ向かった。

（4）街金業者との最後の駆け引き

「磯野さん、急な話で横浜にまでご足労かけてすみません」

年は30代半ば頃で、牧村には一見してその筋の業者と悟れるような風貌を持った磯野から、何が何でも予定額を引っ張り出させる意気込みの裏に、牧村は、半ば支援を仰ぐ気持ちを込めての丁重な言葉での切り出しになった。まさに、背水の陣が敷かれた正念場の折衝で、この結果が全てであることは明白であった。

牧村のこれまでの業者との折衝方法として、いきなり会っての折衝はなかった。まずは、電話で必要性の理由、利率、金額などを、時間的余裕を持って事前に話し合いをし、それも数回繰り返すが、決して牧村から電話することはしなかった。先方からの電話をひたすら待ち、「一度お付き合いしてみるか」といった雰囲気をまず作り、必要になるまでは「条件が合わない」とか「まだ必要がない」と断り続けると、大半の業者は3日に1回は、中には毎日のように、電話を入れてくる。牧村はこのような方法で常に数社との接触を持っていた。このように時間をかけ、事前折衝を重ねると結構有利な、思い通りの調達ができる確率が高かった。

しかし、磯野とは事前折衝なしのブッツケ本番の話し合いで、与えられた時間は数時間。しかも、昨晩の加藤との対話と磯野の風貌から見て、相当難航すると覚悟しての切り出しになった。

「なーに、こっちも商売ですから。加藤からぜひ頼むと言われてね……、加藤とは以前からお客を紹介しあっているんですよ。これは、内密ですが、加藤の会社で一発でかい事故があって、今貸し出しストップで、それで今回、このような形で少しでもお手伝いできればと……」

磯野の言葉からは、牧村が頼んだ金銭的なことが具体的に伝わってないように感じたので、

「それで磯野さん、今日はいくらほど、お願いできるんですか？　加藤さんから何かうかがっておりませんでしたか？」

「別に、具体的な金額は聞いてないけれど、お宅とは今回初めての契約ですから、信用付けを考えて、とりあえず10万ほどでどうでしょうかね？」

磯野からの意外な言葉は、挨拶代わりの冗談を言っているように牧村に思われた。

「磯野さんも冗談が上手いですね。10万じゃどうしようもありませんよ。最低でも１５０万を加藤さんにお願いしてあったんですがね……。本当に、加藤さんから何も聞いてないんですか？　参ったなー」

牧村は背を伸ばし、両腕を腰にあてがい、上半身を少しよじらせ、天井に目を向けて大袈裟に言った。そして「冗談ですよ」との磯野の言葉を期待していたが、

「牧村さん、最初から１５０万は無理ですよ。１、２回のお付き合いで、信用付けをしてからの話であれば、まだ少しは考えられますが、最初から１５０はね……、それに加藤に頼まれて、わざわざ横浜くんだりまで来たんですから……、まず10から始めましょうよ、社長」

と、真顔で話す磯野の言葉に牧村は愕然とした。加藤はこの男に一体何を話したのか。まさか「横浜にカモがいるから行ってこい」なんて言ったのだろうか。

時間的な余裕のある時であれば、牧村はこの段階で「まったく話にならない」と言いながら、時間をかけて増額交渉を続け、最終的に双方合意に達しなければお帰りを願い、新たな業者との話し合いに持ち込む手法を取っていたが、今回は翌日に持ち越す時間的な余裕もなく、それに磯野の真顔の口ぶりから判断して、この男との数時間の話し合いで、到底１５０の調達は無理と思わざるを得ない状況にあると感じ始めた。そうなると、今晩の支払い、それに今月末までの支払いが「不可能」という三文字が頭に浮かび、牧村は一瞬天井を見つめ、目を閉じた。どうするか……。

加藤の言葉に期待してこの磯野を待っていたが、今から新たな手立てをする時間がないと分かると、ついに来るものが来たといった状況になった。牧村は、口を硬く閉めたまま、天井を見つめたり、足元を見つめたりして、これからの業者への支払いをどうするか考えたが、結論が出ない。その時、牧村の頭に「逃亡」の二文字がよぎった。そのような牧村の姿を見ていた磯野には、恐らく、商品の購入資金の計算をしているのではないかと映っていたに違いない。加藤からは商品購入資金の一部と聞いていたはずだから、

「磯野さん、10万じゃ何も買えませんよ。どうしても明日にでも香港へ送金して、商品を発送させないと、間に合わないんですよ。時間的な余裕があれば銀行から信用状を開設すればそれでOKですが、今回は時間がなく、どうしても香港から電信送金と言われておりましてね」

と言いながら、矢継ぎ早にいろいろなケースを考える。業者が1社とか2社であれば話し合いも何とか可能であるが、10社以上の業者となると、到底、話し合いでさばける状況ではない。今日150万がダメなら、とりあえず時間稼ぎの調達しかない。こうなった以上は、当面の時間稼ぎ用の資金と最悪のケースと考え、磯野から可能な限りの調達しようと腹を決めて、

「磯野さん、50で考えてくださいよ。香港にはとりあえず50万だけ送金し、残りは信用状にするから……。これが無理なら、申し訳ないけれど、お帰りいただくしかないですね」

と言いながら、牧村は出した書類関係をカバンに入れ始めた。これ以上突っ張ると磯野は本当に帰るのではないかと思い、磯野が再度提示する金額がいくらでもOKするつもりで覚悟し始めていた。しばらく考えていた磯野はおもむろに、

「30でどう？　手数料4万差し引きで手取り26万。15日サイトの15％で考えてくださいよ。初回取引では最高の条件です。これで何とか受けてくださいませんか」

と言い続けながら、磯野は上着の内ポケットから札で膨れ上がった財布を取り出し、1万円札を1枚1枚テーブルに並び始めた。ここまで来ると、牧村は「この26万をとりあえずの資金として」の気持ちになっていた。

牧村はこれまで何回となく経験したように、出されたいろいろな書類に判を押し、34万5千円の小切手

と引き換えに26万円を受け取り、磯野にカラオケ代を清算させてカラオケ店を出たが、事務所に帰る気持ちはまったく起こらず、これからの成り行きを考えるために、重くなった足を引きずるようにして近くの喫茶店に向かった。

27日の晩に支払いの予定であった他の業者への資金は加藤への一括返済に使用され、しかもその後の業者への支払い金もこの一括返済で消えてしまい、万事窮すですすべもなく、喫茶店の一席で今後の成り行きを呆然と考えていた。

携帯が鳴る。表示番号は夕方来る業者からである。到底出られる状態でない。切れた携帯に残されたメッセージは「これから、そちらへ向かいます。到着は8時頃になります」。牧村の心は決まった。喫茶店を出て近くのホテルにチェックインし、これから起こるべき展開を想定した。

(5) 挑戦への決意

ビジネスホテルの小さな一室に入った牧村は時計を見た。針はすでに20時を過ぎ、電話の業者は会社に来ているか、事務所の近くにいるはずだ。そして、一抹の不安を感じながら、電源の切られた牧村の携帯に電話をかけ続けている姿が目に浮かぶ。この業者を皮切りに、明日から月末にかけて全ての業者の人間が我さきに事務所に群がることは事実だ。

そして、事務所へ戻れるチャンスは今晩以外にないと感じた。事務所に置きっぱなしになっている必要品の回収は今晩が最後のチャンスと思い、10時頃事務所の近くまで行くと、まだ9階のライトが灯っている。だれかがいる。いったんホテルに帰り、深夜12時頃再度向かうが、まだライトが灯っており、間違いなく業者がいると判断した。

しかし、最終電車もそろそろなくなる時間にもかかわらず、ライトが消える気配は一向にない。1時頃まで待っていても、まったく明かりの消えない窓を見ていて、恐らくこのまま朝まで事務所にいるに違いないと牧村は思った。そこでホテルに帰り、チェックイン前にコンビニで買い入れた焼酎を飲みながら、心配している社員の顔、明日から群がる業者の顔、月末に予定されている銀行借入返済の不能で困惑する銀行担当者の顔、これまで支援を受けてきた親兄弟と友人の顔などが順に走馬灯のごとく浮かび上がり、ことの重大さが段々と実感としてわきあがってきた。

ちょうど2年前に、決死の思いで決断し作り上げた「再建計画」。これを今日まで1日も遅れることなく確実に履行するため、牧村がこれまで蓄えた全ての私財までも投げ入れてきた。1月末をクリアすれば、2月には第2目標を完全にクリアできる手はずは整っていた。それが、あの加藤からの一本の電話で、月末までの数日を残してわずか半日で崩壊したのだ。すでに酔っ払って空ろな瞼の中で、回り灯篭の絵が現れては消えていくように、これまでのいろいろな出来事が流れ去っていった。そして、これからの行く末を考えると、残された最後の選択肢も浮かび上がってくる。牧村は夢の中で、途方に暮れてさまよう己の後ろ姿を見つめていた。しばらくして己の姿が闇の中に消えた瞬間、真っ白に輝いた閃光の中に1台の霊柩車が浮かび上がり、闇の中に静かにゆっくりと消えていった。

翌朝、目が覚めた時、その光景が鮮明に牧村の脳裏に刻み込まれていた。そして、それを思い浮かべた牧村の顔になぜか笑みが……。この半年間、牧村が街金業者と付き合った結果がこのような運命（現実）を引き起こした。しかしまた、この予期しなかった現実（運命）は長い人生の尺度から見れば一瞬の出来事で、これを一つの「偶然」と受け止める覚悟が生まれていた。さらに、明日からの新たな予期しない遭遇と、そこから生じる近未来の未知現実を与えられたものと素直に受け入れれば、また一歩前進した次の未知現実へと導かれていくわけである。そうした挑戦の連続として人生を歩むという決意は、挫折を経ることがあるかもしれない。しかしそれは、これまで熱意をこめて描き続けてきたキャンバスが、一瞬にして白のペイントで塗りつぶされてしまい、それを機により素晴しい絵の制作に立ち向かおうとする心境と相通じるものがあるように牧村には感じられた。そう考えたので、明日から何が起こるかわからないという恐怖感はうすらぎ、残された唯一の道に向けて挑戦しようとする意欲があの「笑み」を誘ったのかもしれない。

（6）3年前の9月上旬

牧村のグローバル通商は、横浜で貸しビルの9階と10階を使用しており、9階は車両部（中古自動車と解体部品の輸出部門）とネット販売と経理関係にあてがわれ、10階の3分の2のスペースには牧村自身が手掛けている輸入品の物品が置かれ、残りのスペースに牧村の机と業務用一式が置かれている。牧村の1日のほとんどは10階で消化されるが、それでも1日に数回は9階の様子を見に足を運んでいる。

その日も9階へ足を運んだ時、

「社長、ちょっと時間をもらえませんか？」

と、車両部担当の工藤専務の声が背後から聞こえた。振り返ると、工藤がこちらへ来るようにと手招きしている。この手招きに牧村は一瞬ムッと来るが、だれかれかまわず行っている彼の日常の悪い癖である

ことは、長年の付き合いで十分分かっていた。工藤が示した9階の一角にある商談用のテーブルに牧村が着くと、

「実は、資金が底をついた状態で、今月末の借入返済が厳しいんです」

と、言いにくそうに、小声で工藤がしゃべり始めた。

「ちょっと待てよ。半年前の保証協会からの借入金2500万円が底をついたというのか？」

「その通りなんです」

と、まったく信じられない言葉が返ってきた。

「半年で2500万円を使い切ったとは、何に使ったのか？」

「借入返済、消費税と経費です」

「借入返済と消費税は分かるが、経費とは何の経費だ？」

「人件費と諸々の経費です」

「その借入金で経費に使い始めたのは、いつからだ？」

「春先頃からです」

今は9月、2500万円を工藤に預けたのは1月。預ける時、経理にも、工藤にも、「もし、一般管理費で使わざるを得ない状態になった時には、必ず事前に連絡するように」と伝えてあった。それにもかかわらず、「それを使い切った今頃になって！」と口に出かかった言葉を飲み込み、場所を10階に変えることにした。工藤の淡々とした経緯の説明を聞きながら、これまで無縁のように感じていたが、バブル崩壊後の長きにわたる不況がついにこの業界にも浸透していたことへの驚きがあった。これまでベールに包ま

れて表面に現れていなかったさまざまな要因が、一気に噴出し始めていたのだ。

牧村には一人の妹がいて、大阪の高槻市に住んでいる。夫は誠に穏やかで頭の切れる人で、牧村も一目置かざるを得ない人物であった。その妹から、9月の初めの金曜日の晩「今度の日曜日に皆で京都の貴船に食事に行くけど、兄貴も来ないか?」との電話が入った。それは、病気で妻を喪い独身になっていた牧村への妹からの気遣いであった。気晴らしと思い、牧村は日曜日の午前に新横浜駅から京都へ向かい、貴船で食事を楽しんで帰宅した翌日の月曜日、専務より資金ショートの事実を知らされたのだ。資金闘争の幕が上がった。

第2章　偶然の導き（昭和36年3月〜9月）

（1）生い立ちと「第二の人生」への一歩

牧村は、昭和17年4月××日、石川県の××市で次男として出生した。

小学校と中学校では出来の悪い生徒で、成績は常に後ろから数えた方が早い方であった。高校受験の時も、学校の選考も定まらず、担任を悩ませていた。結局、第1期生を求める新設私立高校をすべり止めにして、一応県立高校の普通科を目標にした。担任は、県立の方は無理でも、第1期生を求める新設高校の方は問題ないだろうと言っていたが、そのすべり止めが不合格で、県立の普通科でなくて商業科での合格通知を受けた。この合格通知を受けた時、自分のその時の学力を棚に上げて「何かの間違いではないか」と不満をぶちまけていたが、数十年経って自分のこれまでの人生を振り返ってみると、ここからが牧村の第二の人生の始まりだったのではないかと思えた。

牧村の商業科での高校3年間は大学受験戦争もない、のんびり、ゆったりした時間帯の中で、武者小路実篤をはじめとして多くの小説を読んだ。どの小説に書かれていたかその記憶も定かではないが、今も座右の銘にしている「運命は偶然、偶然は運命」の言葉に遭遇した。中学卒業後からの50年近くの人生の途中で遭遇したいくつかの「偶然」が今日を導いてきたと、また、これからも新たな「偶然」の遭遇で「新たな運命」に導かれ、それを「悔いのない、最高のものにする」には日々の手抜きのない努力しかないと、心に決めている。

中学卒業までは義務教育で、普通の生徒であれば進路の選択の余地はないが、高校受験からその選択肢が多岐にわたるようになる。商業科に入ったことは、今現在も役立っている。普通科やすべり止めに合格していたら今とはまったく違った人生を送っていることは間違いないが、もう一つの人生に対して、未練とか羨望はまったくない。

人は時にして苦境に遭遇すれば、その原因を突き止め、あの時の選択や決断が間違っていたとネガティブに考える。それを後悔だと思っている。しかし、その時に他の選択や決断をしても、今がどのような状況になっているかは、実際に実行してみないとだれにも分からない。場合によっては、もっと苦しい状況になっているかもしれない。牧村は、毎日をベストに尽くせば、常にベストの結果をもたらしてくれると信じている。たとえ悪い状況になったとしても、もしベストを尽くしていなかったならば、もっと悪い状況になっていたはずだ、この条件下では最良の状態にあると常に自分で言い聞かせ、なにごとに対しても手抜きのない精一杯の努力をすることに努めている。これが牧村の人生哲学の基本である。

商業科は2クラスからなり、総生徒数は70名ほど。毎年クラス替えはあるが、1クラスで3年間を過ごしたといった感じで、それだけに友人とも親密になった。この県立高校は、石川県でも有名な三つの温泉地の中間にあり、ほとんどの生徒はその温泉地からの通学で、牧村の市から通学する生徒は牧村を含めて二人だけであった。

普通科を受験して商業科に回された牧村には、入学当初はまだ大学進学の気構えがあったが、牧村以外にだれ一人として進学を目指す生徒がいない商業科での生活で、牧村も段々その志向が薄れ、3年間の高校生活は受験地獄から解放され、のんびりとした自由奔放なものであった。温泉地ゆえに季節ごとのお祭りも派手で、酒、タバコ、マージャンは当たり前。誘われて友人宅に行けば専用の1室が用意されているうえに、酒も、タバコも、場合によってはマージャン台まで置かれているといった具合で、勉学とはほど遠い3年間であった。

卒業後の就職に関してもこれといった目的もなく、ただ単に賃金をもらえて、その賃金でいかに過ごせられるかが、牧村のその時の考えで、業種よりも給料の額に関心があった。次男である牧村は、とにかくこの土地を離れ、都会での就職をと考えていたが、この県立高校への求人はほとんどが地元の会社で、都会からの求人は皆無であった。都会への就職には現地でのコネが必要で、幸いにも牧村には一つのチャンスとコネがあった。牧村の父の妹夫婦が名古屋ですし屋を営み、ある有名な旋盤メーカーの下請けをしている鉄工所の社長がたびたびお客として訪れ、牧村の就職を依頼したところ意外と簡単に受け入れられたのだ。躊躇することなくその鉄工所に就職することに決めた。即日の就職決定であった。これを機に、一つの「偶然」が導いた「運命」のように見える事柄が、牧村を迎えていくのである。

(2) 名古屋での挫折と開眼

牧村は、卒業式を待たずに名古屋へ飛び、その鉄工所の寮に入った。牧村のような高校卒業生と中学卒業生の合計4名が新入社員として入寮していた。その寮には先輩格が二人いてそれぞれ個室に住み、新入工員4名は1室での共同生活で、想像を絶する寮生活が始まった。

寮といっても、それは工場の片隅の空間を利用した木造の、一種のタコ部屋みたいなところである。工場の一角から木造の階段を上ると、二人の先輩格の個室が縦に並び、その奥に新入社員の1室がある。部屋の大きさは、6畳2間程度で押入れも何もない空間である。持ち込まれた新入社員の身の回り品が各自思い思いの場所に置かれ、その身の回り品の入った「柳行李」が各自の場所の中心地になる。まさに寝るだけの部屋である。

当時の賃金は、1日あたり280円（月額6000円）で、その中から毎日の食事代が引かれて、月の手取額は3000円ほど、平日の外出は一切禁止。郵便物を投函するにも、いちいち社長宅にうかがってその旨了解を取らねばならなかった。外出が許されるのは、月1回の給与日の晩（必要品買入れのため）と月2回の隔週日曜日で、しかも午前に仕事をすれば、午後には団体行動での外出が許されていた。

入社して初めての団体行動の外出が許された時、4名で相談して単独行動を取ることにした。三船敏郎主演の『用心棒』が封切りされていたので、その映画を観たことにして夕方の集合場所を決め、各自思い思いに過ごした。牧村はまず親戚のすし屋に訪れ、その後の近況報告をして、思いっきりすしをご馳走になり、味気ない仕出し給食から一時解放されることができた。その時のすしの旨さは45年経った今でも、舌に残っている。

集合時間に遅れることなく4名が定刻内に帰社し、代表が社長に「『用心棒』を観て参りました。本当に面白かったです。ありがとうございました」と報告して寮部屋に着くや否や、先輩格から呼び出しがかかり、全員で社長宅に行くように命じられた。鬼のような形相をした社長に「どこの映画館で観たのか？」と開口一番怒鳴りつけられ、続けて「『用心棒』は1映画館でしか上映してない、それも今日は臨時休業で上映はしてない。どこの映画館だ！」と言われて嘘が露見し、1カ月の外出禁止令が出された。そのため、晴天の日曜日は工場の屋根上で布団を干しての日向ぼっこや、狭い敷地内でのキャッチボール。雨天の日は、何をすることもなく、工場内をただうろつき回る長い1日となる。牢獄生活そのもので、当時としては珍しくない中小・零細工場での一般的な光景であった。

入社翌日からこき使われたといっても過言ではなかった。先輩格から「明日から当分5時起床」と告げられ、命じられた仕事は「タコツキ」であった。直径50センチ、高さ50センチの丸太に長さ1メートルほどの4本の棒が肩幅間隔で丸太に取り付けられていて、二人でその棒を持ち上げては落として地固めをする。地固めの後、やっと朝食にありつけるといった動物的な扱いは、当時としては何ら違和感はなく、当たり前のように受け止められていた。

朝食は7時開始で、20分で終わらせ、7時30分からの始業である。昼食時間は30分で、それに10時と3時に15分の休憩があって、6時にその日の仕事が終えるといった日常であった。しかし、寮工員はその後が大変であった。工場内の清掃は寮工員の仕事、その間に通勤工員が風呂を浴び、その後は先輩格、寮工員4名は最後で、部屋に帰られるのは毎晩10時以降であった。

寮工員は一応将来の幹部候補であったために、いろいろな仕事をやらされた。まずはボール盤を使っての穴掘り、それから旋盤、ヤスリガケ、最後にキサゲ、時にはフライス盤やミーリング盤といった仕事もやらされた。球面上でのボール盤の穴あけは当初は難しく失敗作も多かったので、夜中にこっそりぼったん式の便所に捨てにいったこともたびたびあった。

牧村が特に興味を持った仕事は、キサゲであった。ノミを長くした道具で、先端にタゲネと称する非常に硬度のある刃が取り付けられている。その反対側の先端を腰腹部に当て、腰を前後に動かして、金属面を100分の1ミリほどの深さで削り取り、朱肉で真っ赤になった鍵盤で当たりを確認する。削り取られた面に、朱肉の赤が万遍なく点々と均等間隔に残れば完成で、その後は扇方の文様を一面に作って終了する。その文様作りでの力の入れ過ぎや、等間隔が外れると当たりが狂い、最初からのやり直しで、熟練を要するやり甲斐のある仕事でもあった。しかし時が経つにつれ、やはり牧村は時計を見る回数が多くなった。時計を見ては、まだこんな時間かと、時の進みの遅さを感じた。何かに没頭している時は、時間を忘れてもうこんな時間になっていると感じるが、多少仕事に慣れてくると、数をこなすだけのこの種の単純労働に牧村は疑問を持ち始めた。

8月のお盆休み前に、寮工員4名は社長の奥さんに連れられて、名古屋で有名なデパートに連れていかれた。田舎の両親に社会人としての晴れ姿を見せるための背広の支給である。昭和36年頃の吊るしの背広には、牧村の身体にピッタリ合うものはなく、到底着て歩けるものではなかった。合うか合わずに関係なく、無理やり支給された形で、しかも、絶対に着用しての帰省が至上命令であった。夏休み初日、支給されたブカブカの背広に、白のワイシャツにネクタイ、しかも名古屋特有のクソ暑い真夏に、まことに奇妙な背広姿の寮工員4名は社長宅の玄関口で、腕組をして満面の笑みの社長に「これから行って参ります」と告げるや否や、それぞれ思い思いの方向へ飛び出した。牧村はとりあえず新富町の親戚の家に駆けこんだ。ブカブカで、まったく釣合わない背広から解放されるためにである。

帰省途中の汽車の中で、これまでの数カ月間の生活を振り返った。入社までは仕事よりも田舎を飛び出すことしか考えていなかったが、実際に仕事に就いてみると何かが違うと感じるようになった。今の鉄工所で今の仕事を一生続けるのかと考えると、まさに苦痛に感じた。自分に合った仕事は何であるかはまったく分からない。しかし、これからは自活しなければならない。そのようなことを考えながら、数日の夏休みを田舎で終えた。

結局、牧村はその年の9月中旬で退社することになる。夏休み後、名古屋に帰った牧村は1通の手紙を兄に送った。内容は「ここを辞めたいので、相談したい」の短い文書であった。心配した兄は早速名古屋に来てくれたが、工場内で話すこともできず、だれも出勤しない工場の門前の道端にしゃがみこんでの早朝の会話になった。

「本当に、辞めたいのか?　その後の仕事を考えているのか?」

「まだそこまで考えてないが、これ以上ここにいても無意味で、一度離れてゆっくり考えたい」

「そうか……。どうだ。大学に行ってゆっくり考えてみたら……」

との兄の意外な一言が出た。恐らく牧村の手紙を受けてから名古屋に来るまでに考えたいくつかの案の一つであった。

牧村もこれまでの自問自答の中で大学受験も考えていたが、受験勉強の経験もないし、しかも来年の受験となると残り半年もない。高校時代の普通科の連中があれほど受験勉強しても不合格になる生徒もいたことを思い出すと、到底自信のない話である。

「学費のことは心配するな。何とかするから」との兄の言葉で牧村は、

「じゃー、半年田舎で面倒見てくれるか？　もちろん、その間受験勉強もし、不合格のことも頭に入れて、次の仕事も考えるから」

話が決まった。それから、退社時期、両親への説得方法などを話して、1時間ほどで兄は名古屋駅に向かった。牧村は決心するや否や、まず寮生3名、先輩格二人に来年3月の大学受験の話をし、社長宅に向かった。

「どうした。こんな時間に」

「社長、こちらにお世話になって半年になりますが、その間いろいろと自分の今後のことを考えて、大学進学を考えております。できれば、来年3月の受験を考えております。残された時間もあまりありませんので、即退社をお願いしたいのですが……」

突然の申し出に困惑した社長は、少し間を置いて、

「うん……、そうか。それで志望校は？」

「まだそこまで考えておりません。自分は商業科卒で、受験勉強の経験もありません。これからの受験勉強になります。とにかく、これからベストを尽くして、結果を出すだけです」

「同僚の倉瀬は中学卒で、ここから夜間高校に通って勉強している。よし、分かった。退社は認める。しっかり勉強して、合格したら一度報告に来い」

と、快く受け入れてくれた。

第3章　受験と大学（昭和36年9月〜41年3月）

（1）田舎での半年と一つの出会い

田舎に帰っても、何をしたらよいのかまったく分からなかった。受験勉強をしなければならないことは分かっているが……。来る日も来る日もブラブラして2週間ほど経ったある日、家の中で何することもなく、気晴らしに外に出ようと家の玄関を出た時、中学時代のあまり親しくはなかった友人に背後から声をかけられた。

「牧村じゃないか。お前名古屋に就職したと聞いておったが、どうしたんだ？」

突然背後から聞き覚えのある声に振り向くと、自転車にまたがって両足を地に着けた新藤がいた。

「おー、新藤か。久しぶりだな。名古屋、このあいだ辞めて帰ってきた。大学に行こうと思って今準備中や。新藤、お前今何しとるんや？」

「俺か、今浪人中や。予備校に行っている。お前、どこか予備校へ行っているんか？」

「帰ってきたばかりで、何も考えてない。これからや。お前、どこの予備校に行ってるんか？」

「今、金沢の予備校や。よかったら、お前も来ないか？　一緒に受験勉強できるし、申し込みすれば、すぐに入学できるから」

牧村は、渡りに船と思い、金沢の予備校に通うことにした。毎朝、新藤と一緒に予備校へ通ったが、授業についていけない。まったく理解できないのである。自然と足が他に向くようになり、

「新藤、予備校へ行っても何か時間の無駄のような気がする。全然理解できないし、毎日毎日テストばかりで、もう自習方式でやるしかないような気がする」

「そうか……、お前は、確か商業科で、受験勉強してないもんな。ところで、どの学部を受けるんだ？」

「まぁ、一応、経済学部やけど」

「経済学部であれば、英語、国語、それに社会科か人文地理の選択になっているはずだから、早く志望大学を決めて自習方式の方がベストかもしれないな」

牧村は、1カ月ほど予備校に通ったが、登校したのは数回のみで、ほとんど喫茶店などで時間を過ごしていた。その頃の話し相手は常に新藤で、名古屋での生活、現在の心境、将来などについて新藤と語り合った。新藤もそんな話が好きな方で、お互いに勝手なことを話し合い、少しずつ何かこれからすべき道筋が見えてきたような気分になった。牧村は、新藤に予備校を辞めて、自習方式での受験勉強を始めると決意を話すと、新藤は1冊の英語の問題集を牧村に与えた。

「牧村、この英語の問題集やるよ」

と言って、新藤は牧村に1冊の使い慣れた問題集を手渡した。話によると、英語の教育業界ではトップクラスの出版社で、ラジオの番組を持ち、受験仲間では評判の出版社であるそうだ。辞書とかその他のい

ろいろな英語に関する本や参考書を出版している。牧村は初めてその出版社の名前を知ったことになった。11月半ばも過ぎて、受験までにあと3カ月ほどしかない。予備校を辞めた牧村は受験用の参考書を買い求め、家で朝から夜遅くまで受験勉強に励んだ。英語と人文地理は暗記の勝負である。正月も返上で夜遅くまで、暗記、暗記の生活を送った。

牧村は3校を選択した。1校は横浜所在のK大学で地方試験を行っていて、入学金や授業料も一番安い私立大学であった。あと2校は、東京所在で結構名の知れた私立大学であるが、入学金や授業料もその分高い。無理しての大学受験であるから、兄に余り負担をかけられないと牧村は思っていた。地方試験を行っているK大学の試験が幸運にも最初だったので、もしそこで合格したら残り二つの大学の試験を受けないつもりでいた。

3月上旬に金沢で横浜所在のK大学の地方試験が行われた。何か高校受験を思い出す。英語のテスト用紙を見た途端、牧村はビックリした。牧村がこれまで何回となく繰り返してきた、あの新藤がくれた問題集の中の問題がそっくりそのまま載っているではないか。もちろん、答えは全部知っている。満点である。運以外の何ものでもない。

地方試験を終えて、東京へ向かった。これで、3度目の東京である。最初は、小学生時代に田舎の親戚の方に連れられていったことがあり、2回目は高校時代に町内の1年先輩の友人が東京の大学で暮らしていたので、夏休みを利用して遊びにいったことがある。その先輩は牧村のために、家からの仕送り金も参考書の購入資金も全部使い果たしたことが先輩の母親に露見し、牧村の母親に相当苦情を言ったと後日聞かされた。

東京には父の従姉妹が嫁いだ親戚があり、そこで残り2校の試験が終わるまで世話になることになった。2校目の試験を終えた翌日、田舎より電話が入り、地方試験を受けたK大学から合格通知が届いたとの連絡で、3校目の試験を放棄して田舎にすぐ帰った。2校目の試験には奇跡が起こることはなく、実力通りの不合格の通知であった。やはり、あの英語の問題があの形で出なければ、K大も不合格であったと牧村は今も思っている。

名古屋から帰り、何をしてよいのか分からない田舎での生活で、気晴らしになにげなく表に出た時、それほど親しくはなかった中学時代の友人の新藤にばったり出会った「偶然」の産物である。もう少し早く、もう少し遅く表に出ていたら、新藤に会うこともなかっただろう。その「偶然」の出会いに感謝せざるを得ない。新藤に会わなかったら、あの有名な出版社の英語問題集にも出会わなかったかもしれない。牧村が自分で買った英語問題集には、試験に出た問題は載っていなかった。牧村の座右の銘である「運命は偶然、偶然は運命」そのものであると、シミジミ実感させられた。これは「偶然」といえるかどうかは分からないが、名古屋の就職先がもし自分に完全に合わなくとも、もう少しその仕事が自分に合っていて我慢のできるものであれば、今もそこで仕事を続けていたかもしれない。遡れば、高校受験もそうである。いつも通うのと違う道を使用して、そこで偶然あった人、出来事で、その人の運命が変わることも十分ある。

（2）大学時代と3人との出会い

合格通知を受けて再度東京に向かう。下宿が見つかるまでは、大学受験でも世話になった東京の親戚宅にまた世話になり、K大学の学生課で何軒かの下宿先が紹介され、学校に一番近い二本榎にある下宿先に向かった。

丘の上にあり、細い上りの道のりが続き、道を境にして町名が異なり、古い家並みが続く。目標の下宿近くまで来ると、前方より坂道を下りてくる男性とすれ違う時、「この住所の家を探しているのですが、どの当たりになりますか?」と尋ねると、「二本榎××番地だと、この坂を20メートルほど行った左側にありますよ。格子戸の奥にある一つ手前の左側の平屋がその家です」と、何か意味ありげな笑みを浮かべながら、あたかも勝手知った我が家近辺を教えるかのように、親切に教えてくれた。下宿先はすぐに見つかった。

下宿部屋は全部で3室あり、3畳、4畳半と6畳で、3畳と4畳半にはすでに同大学の先輩が住み、4畳半の先輩は昨年卒業して、貿易会社へ勤めているとのこと。6畳には、一応新入生二人が同居することになり、その相方はまだ決まってないと言われた。

下宿代は朝夕の2食付で、1カ月3000円である。大家の家族は、お母さんと年配の娘さんの二人暮しで、一番奥の部屋に住んでいる。スカーフの縁取り縫いの内職と、この3部屋の下宿代で賄っているようである。平屋建てであったが、当時としては珍しい洋式トイレで、昭和37年頃ではハイカラな家である。

大家の家族との対話の中で、牧村はここに訪れる途中ですれ違った男性から道順を教えてもらったこと、それもあたかも我が家への道順を教えるかのようにくわしく、親切だったことを話すと、大家の娘さんは、「もしかしたら、その方、小幡さんかしら。今日は休日で、牧村さんがお出でになる前に、外出されているから。小幡さんは昨年この大学の貿易学部を卒業され、まだここにいる方なの。その方はメガネを掛けて、今日は青の縦ジマのシャツを着て外出されたけど、その方の服装は?」

と、牧村に尋ねた。まさにその通りで、メガネを掛けて、青の縦ジマのシャツを着て、サンダルを引っ掛けて近くまで所用に出向く姿であった。あの時の何か意味ありげな笑みもこれで理解でき、牧村にはどこか印象に残る男性であった。その後、学生課から紹介された他の下宿先の斎藤分町、神大寺などの数軒も視察して回ったが、相場的にはいずれも差異はなく、ほとんどK大学の学生で占められ、部屋数も多くて学生寮といった雰囲気を持っていた。

東京の親戚宅に帰ってから下見した下宿を検討したが、牧村の頭の中には道を尋ねた男性の印象が強く残り、それに大家さんの人柄、下宿の周りの静寂な環境が、二本榎の下宿に決めさせた。翌日、大家へ電話でその旨を伝えて、田舎へ下宿先決定の電話を入れた。1週間ほどで身の回り品や必要なものが下宿先に到着し、牧村と同居する相方も決まっていた。静岡出身の法学部の新入生であった。3畳の先輩は高知出身の工学部2年生であり、4畳半には小幡であった。

毎月の仕送り金は7000円で、下宿代3000円を支払った残りの4000円は牧村にとって当初は十分過ぎるほどであった。朝夕の食事は下宿代に入っているので、食べることだけを考えれば、昼食代だけである。ラーメン一杯が50円程度、学食のうどん一杯が30円。一杯飲み屋へ行っても、牧村の酒量では1000円でお釣りが来るほどであった。しかし、学内での友人が増えてくると、夜の遊行費が嵩み毎月の仕送りでは一杯50円のラーメンも難しくなり、いろいろなアルバイトをせざるを得なくなった。

アルバイトで一番苦労したのは、高校受験を迎える中学生の数学と英語の家庭教師であった。中学時代の算数程度にしか考えていなかった牧村は、その数学の教科書の内容を見た途端、受けるべきでなかったとこれからの行く末に不安を抱かざるを得なかった。牧村が高校の商業科で教わったのは俗にいう「数Ⅰ」

のみで、その数学の内容はその「数Ⅰ」をまさに超えている内容で（ほとんど忘れていたからそのように感じた）、教える前に自分自身の勉強が必要になった。

早速、牧村は数学の教科書を買い求めて、牧村と違って実力で合格した下宿の先輩や同輩に「数Ⅰ」をその都度教わり、その通り教えるしかなかった。その授業料も結構高いものになり、1カ月バイト代の2500円が入ると決まって飲みにいこうと強引に引っ張り出されて、バイト代の半分近くは消えた。2年間で4名の中学生の家庭教師に携わり、幸運にも4名とも志望校に合格させ、特別ご祝儀をいただいたこともあった。

一方、下宿の小幡先輩が就職した鉄鋼専門の小さな貿易商社は入社後半年ほどで大手総合商社に吸収合併され、その総合商社の正式社員になった小幡先輩から、貿易の仕事の面白さややり甲斐の深さをいろいろと教えられた。K大学には貿易学部があり、当時は、日本の全大学でも貿易学部と称する学部を持つのはこのK大学だけであった。小幡先輩の影響で、次第に心は半ば貿易に傾いていた。その影響もあって、2年生からのゼミナールは「時事英語研究会」に所属して英語には一層関心を持ち、時間をかけた。それと同時に、牧村はまったく経済学部とは関係のない貿易学部の講義にも時間が合えば顔を出すようになった。

（3）ある二人の学友の存在

今、牧村がウイークリーマンション（最初のビジネスホテルから移っている）の1室で回想すると、大学時代の数多くの仲間の顔と名前が浮かび上がってくるが、4年間にわたる学生時代という一つの会合で知り合った一期一会的な当時の友人で、ある二人を除いて、卒業以来一度もだれにも会ってない。当時の仲間は今何をしているのだろうと思うと、それほど親しくなかったが、仲間の二人の顔が浮かびあがった。

卒業して5、6年経ったある晩、突如牧村のアパートに現れ、牧村の自立を決定付けるきっかけを作った友人がいた。彼の名は佐藤といった。佐藤は地元の相模原出身で牧村が直接知った仲間ではなかった。高校までの授業と異なり、大学の講義は朝から夕方までびっしり埋まっていることはない。講義から次の講義までに数時間の空きが多々あり、その間をどのように過ごすかが問題であった。牧村たちは、講義を通して知り合った同級生の下宿先に、他の仲間と一緒に押し掛けて時間を潰した。

行きやすい下宿先には、他のグループの仲間たちも来ており、そこで新しい仲間が紹介されるといった具合で、人間関係の輪が広がっていった。最初のグループの中心は鹿児島出身の今吉で、彼の下宿は大学から歩いて数分のところにあった。お互いに地方出身ということで話をするようになり、今吉の下宿で時間を潰している時、愛媛出身の和田が紹介された。和田は落ち着かない性格で、しかも多少誇大妄想的なところもあって仲間の間でいつもこけにされていたが、牧村だけは彼をこけにしなかった。

こけにされている和田を見ると、牧村は名古屋時代の同僚の倉瀬を思い出した。倉瀬は牧村同様にあの鉄工所の新入工員として入寮した4名のうちの一人である。倉瀬はただ一人中学卒であった。そのために、他の二人から何かにつけてこけにされ、部屋の中ではいつも一番薄暗い部屋の隅っこで何かに脅えているかのようであった。そんな倉瀬を見て、牧村は同僚として話しかけ、いろいろな相談を受けた。倉瀬が夜学に通うようになったのも、数々の相談の中の一つであった。牧村が鉄工所を退社することを決意した時は、だれよりも先に倉瀬にその決意を打ち明けて、兄の勧めでの大学受験の意向を伝えた。倉瀬は喜んでくれ、自分も夜学を卒業してチャンスがあれば、たとえそれが通信講座でもよいから、大学に進みたいと言っていたが、その後の消息は伝わってきてない。

牧村同様に、和田をこけにせずいつも和田のペースで対話をしていたのは、相模原出身の佐藤であった。牧村は単独で佐藤と会うことはなかったが、彼の話し方、思いやりに魅力を常に感じていた。牧村が単独で佐藤と会おうとしなかったのは、和田の唯一の親友が佐藤であり、それを知った牧村は何かためらいを感じさせられていた。卒業してから5、6年後に、この二人がひょんな「偶然」から牧村に新たな運命を歩ませることになる。牧村が大学を卒業して出会ったのはこの二人だけである。

牧村は、貿易以外にも出版業界にも多少興味を持っていた。とりあえず、コミック系の有名な出版社の試験を受けることにした。その入社試験の問題内容は芸能関係ばかりで、映画の題名と主演俳優の名前とか、論文形式では「サーキットの言葉を使って、800字以内でコントを書け」といった問題で、これまで大学などで学んできたこととはまったく無縁の世界であった。常日頃から芸能界に興味を持ち続けている人たちだけが求められているのが、この入社試験問題からうかがえられた。見事な不合格で、出版関係へのトライは諦めて、貿易1本に絞った。

「このK大学卒では、総合商社への就職は極めて難しい。ぼくも今は5指に入る総合商社の社員になっているが、元は小さな鉄鋼関係の専門商社に入社し、その後しばらくして今の会社に吸収合併されたからで、幸運以外の何ものでもない。しかし、将来自立の希望ないし計画があるのならば、絶対に小さな専門貿易会社に入った方がいい」

と、将来チャンスがあれば自立を口にする牧村に、小幡先輩は言い続けた。小さな会社であれば、全ての貿易実務を経験できる可能性があり、営業だけを経験していても貿易業務は成り立たない。

現に小幡は小さな貿易会社と総合商社の両方を経験しており、

「総合商社では営業が最前線で、その背後には自分をサポートするスタッフが勢ぞろいしているから、営業は注文を取ることだけを考えればよい。受注すれば、後は全部背後のスタッフがやってくれる。資金面も考える必要がない。全て財務部が資金を調達してくれる。しかし、それでは自立はできない。注文を取っても資金化できなければ、それは商売ではない。資金化するには貿易では船積みという作業があり、国内商売の卸業とは異なる。自分の背後でサポートしてくれる全スタッフの仕事を自分一人でできなければ、自立はできない。それを可能にしてくれるのは、小さな専門貿易会社だ」

との言葉は、少しでも有名な会社、少しでも大きな会社にトライしている牧村の友人たち比べて、小さな専門貿易会社に執着している牧村の意図とその目的の有意義性を十分納得させるものであった。

第4章　貿易と人間関係（昭和41年4月〜11月）

（1）貿易会社での専門用語との戦い

K大学卒業後の就職先は、旧田村町（現東京西新橋）4丁目近くに位置していた、車のアクセサリーとリプレースメント・パーツ（補充部品）、それにニューマチック・ツール（圧縮空気を動力にした工具）の輸出を専門に扱う「ユニバーサル・オート・サプライ株式会社」（Universal Auto Supply Ltd.）の社名を持つ小さな輸出貿易会社であった。初任給は税込で25000円で通勤交通費は別途支給であった。結果的には約半年で退社することになるが、名古屋時代と異なって、これまで無縁であった多くのことを学んだ。特に牧村に印象付けられたのは人間関係であった。

名古屋時代の鉄工所では、社長はまったく業務には従事してなく常に影の存在で、ほとんど工場内に顔を出したことはなかった。工員の数も多く、普通の工員の中では社長の顔はまったく知られていなかった。社長の顔を知っているのは、当然上層部、特に寮生活を送っている工員とそれぞれの現場長で、この鉄工所においては、社長は教祖的な存在であった。しかし、牧村が就職した小さな貿易会社では、小さな事務所の片隅に一応社長室があったが、社長自らが営業の一員でもあった。そのため、社長の業務が常に最優先し、営業社員からいろいろな面での不満を生じさせている。その結果、会社全体に一体感がなく、社長を含めそれぞれの社員はただ日々の仕事をこなしているといった感じである。このような社内の雰囲気の中では、社長が全社員に対してある程度教祖的、カリスマ的な存在でなくてはならないことが、会社を維持、発展させるに必要な要素と感じ取れた。

入社日に牧村が出社すると、すでに事務所の片隅の事務机に一人の若い男性が座っていた。一見して新入社員と分かる雰囲気で、先方から話しかけられた。

「新入社員の方ですか?」

「そうです」と、答えると、

「私は松本と申します。よろしくお願いします」

「牧村と言います。よろしくお願いいたします」

との簡単な挨拶後はそれ以上の会話もなく、ただ静寂な時間が流れる。採用通知に記された出社時間前から出社している女性事務員と松本と牧村で、次の出社人を見守っていた。

「すみませんが……、新入社員は我々二人ですか?」と、松本はデスクに座って、何か記帳している女性事務員に尋ねた。彼女は記帳の手を止め、松本の方へ一瞬顔を向けると、「もう一人来ることになっておりますが……」と、言い終わるや否やデスクに顔を戻し何か慌しく記帳のペンを走らせた。

9時を過ぎると、次から次に社員が出社し、チラッと我々二人を見つめながら、それぞれの席に着く。何人かの社員が出社した中で、骨皮筋右衛門のようなひょろりとしたちょっと遠慮勝ちの男性が入室し、女性事務員と片言話した後、牧村と松本のいる机の方へ向かってきた。

「下川と言います。よろしくお願いします」

と挨拶されたので、牧村も松本も同様に簡単な自己紹介した。

この年入社したのは、牧村、松本と下川の3名で、いずれも貿易に興味を持っての入社であった。入社当日にマネージャーから営業配属に2名、船積配属に1名を予定しているので、3人で本日中に相談して、明日までに連絡するようにとのことであった。牧村は小幡先輩の言葉を信じて当初から船積業務から始めることを決めていたので、松本と下川にその旨を伝えると、二人は一瞬安堵したような顔になり「よかった。僕らは営業を希望していたんだ。3人とも営業と言ったら、ジャンケンで決めるしかないと思って心配だった」と、牧村に感謝するかのような笑みを浮かべながら松本が言った。

翌朝、マネージャーにその旨を伝えて、牧村は船積みの責任者である春川女史に紹介された。春川女史は30歳前後の既婚者で、多少体格のよい愛嬌のある顔立ちで、細かいことまでいろいろと教えてくれた。大学時代、小幡先輩の影響で学部外であった貿易学部の貿易概論の講義にたびたび出席していたので多少の貿易用語は耳にしていたが、実際にその現場に入ってみると初めて耳にする専門用語も多く、電話対応恐怖症になりかけそうだった。

入社して右も左も分からない頃で春山女史も出社してない時、船積専属の電話が鳴り、牧村は何気なく受話器を持ち上げた。

「大阪の××社の岡野です。本日納品の才数は、36カートンで360才、1カートン当たり10才で、合計10リューべになります。梱包明細は昨日速達で送りました。輸出検査書も同封されております」

早口で、しかも確認する前に電話は切られた。春山女史の出社後、事情を話してそのメーカーに確認の電話をお願いしなければならない失態が、それからの数週間、牧村を電話対応恐怖症にさせたのだ。これは単品でまだ簡単な方で、10種類以上の商品になると到底理解できないが、聞く人が聞けば日常会話である。いろいろな言葉が出てくる。イ・ディ（ED）、ディ・オー（DO）、エスオ（SO）など聞きなれない言葉ばかりである。数日すると、外部から講師が呼ばれて、毎朝1時間程度の貿易に関する講義が小さな社長室で始まった。10回ほどの講義で終えたが、大学の講義で受けた気構えとはまったく異なり、その会社の実務を例にしての現場の中での講義であるため、全般的な業務の流れ、専門用語、輸出相手国で要求されている書類および作成（領事査証）など、これまで社内で耳に入る未知の言葉のいくつかが目から鱗が落ちるように氷解していった。

いつものように春山女史から指示された書類の下書きをしていた時、マシンガンの連発音を発しているかのようにタイピングしている春山女史の背後に近づいたマネージャーが、薄くなった頭髪を手で撫でながら何か遠慮がちのおもむきで、

「あの船積みどうなっている？」

と、だれにともなく声を発し、牧村にはどの船積みのことか分からず黙ってマネージャーを見上げていると、

「明日の出港で、××日に△△港到着予定です」

と、タイプを打ち続けている春山女史はタイプの手を止めることなく的確に答えた。

「そーか、もう間に合いませんなー」

と言ってから背を向けて自分の席に戻りかけた時、春山女はタイプの手を止めて、

「マネージャー、何かあったのですか？」

「今さっき、お客から国際電話が入ってな、間に合えば一緒に積んでほしい商品が出てきて、メーカーに確認したら、今日にでも倉庫に入れられる、と言われたものだから……。明日出港じゃ、ＥＤも切れているから、もうあきまへんな。そのように返事するわ」

と言って席に戻りタイプを打ち始めた。電話でなくて、国際電報を入れる様子である。

他の営業員が同様な尋ね方をしても、春山女史はいつも的確に答えている。春山女史によると各営業員が常に気にしている受注品の納期、船積みスケジュールで、各自の電話などのやり取りを耳にしておれば、「あれ」がどの注文を意味しているか、おのずと分かってくるとのことである。今回のマネージャーの件も、国際電話が入った時、この小さな事務所で一際だれよりも大きな声で、しかもマネージャーの英語であれば、何を話しているか大体理解でき、必ず船積みスケジュールの確認をしてくることは予知していたとの春山女史の弁であった。牧村が今もなお、聞こえる範囲内の社員の電話に自然に耳を傾けるようになった習慣は、この時についたものだった。

とにかく忙しく、遅くまで全員がよく仕事をしている。特に、共産国向けの船積みが迫ってくると春山女史が極めて忙しくなる。通関用の船積書類作成で連日連夜、それも深夜までにおよぶようになると、夜中の10時頃になるとマネージャーが春山女史の自宅に電話を入れ、春山女子のご主人に遅くなった理由とお詫びを告げて受話器を下ろすや否や、折り返しご主人から確認の電話が入ってくる。恐らく、本当に会社からの電話か否かを確認するためであったと思う。結局、牧村がこの会社を退社する前に春山女子は離

婚している。

（2）徹底した業務研修

貿易会社にとって船積みは生命線である。それには、輸出税関申告で要求される非常に高度な知識と、本船出港までの限られた短い時間の中での絶対に遅らせられない書類作成作業が、時には徹夜での書類作成が要求される。それは、本船出港日から72時間前に書類を税関に提出しなければならない規定のためであった。言い換えれば、書類提出後、72時間後に輸出許可書が発行されることになる。書類作成と提出が遅れて、輸出許可書が発行された時にはすでに本船が出港してしまっているという最悪のケースになると、場合によっては、その会社の存続に影響をおよぼすほどの重要な業務なのである。

時間が経つにつれて、新入社員3人も段々気心も知れ、新橋界隈で食事や一杯飲む機会が出始め、その日も新橋駅の烏森口近くの居酒屋で3人は思い思いの料理を注文し、運ばれたビールで乾杯し、グラスを口に運びながら牧村は一声を発した。

「松本、営業の仕事はどうだ？」

牧村もできれば船積みよりも貿易の花形部門である営業の方をやりたかったが、小幡先輩の言葉を信じて、あえて船積みを選んでいた。

「最近は大分よくなったが、最初の頃は1枚のレターを書き上げるのに丸一日かかり、レター用紙100枚ほど打ち直したな……」

と松本は語るが、彼の英会話は社のだれよりも長《た》けている。それを文書にするにはいろいろな問題点があるそうで、特に商業英語となるとその表現方法や単語選択で商業文らしくならないらしい。新入社員の英文レターは必ず先輩格の添削があり、ＯＫが出ない限りサインはもらえない。そのために、書き直し、書き直し、結局1枚の英文レターを完全に打ち上げる（タイプライターで）のに、松本が言ったように10０枚のレターヘッドを使うことになる。

「船積みの方は、どうだ？」

と、下川が牧村に尋ねてきた。

「メーカーとのやり取りが大変だ。商品の種類が多く、どの商品がどのメーカーであるかがまだ完全に頭に入ってないので、春山さんには随分迷惑をかけているな」

牧村はこれまでのいろいろな失敗談、それに船積業務の複雑さを語った。

「しかし、今、毎朝やらせられている社長のディクテーションには参っているよ」

松本が今一番苦労しているらしい朝一番の仕事を語り始めた。その時点で牧村にまだその仕事は回ってきていなかったが、毎朝決まった時間に小さな社長室に出向き、社長が国内メーカーに投函する手紙の趣旨を伝えて、それを商業文にして社長の添削を受ける仕事である。無論、新入社員の3名はそのような文書を実際に書いたこともないが、牧村は商業高校で「商業文の書き方」の授業を受けているので、冒頭の挨拶文、商業文用語、締め括り文などは、まだうっすらと頭に残っているような気がした。

「こんな漢字を何と読むか知っているかな？」

と言って、松本は紙の上に「陳者」と書いた。牧村の商業高校の「商業文の書き方」の教科書にも載っていなかったので、相当古い時代の商業文用語の一つと感じた。下川は、「まさか、チンシャとは読まないよね?」と、言った。

「この字は、『ノブレバ』と読み、挨拶文から本文に入る冒頭に使う言葉らしい」と、松本は社長から教わったことを語った。実際にマネージャーの国内のメーカーに出している手紙を読むと、この「ノブレバ」が使用されている。

まずは下書きをして添削を受ける。最初は誤字、脱字の添削で返される。それを書き直して提出すると、挨拶文、文の構成などで徹底的な添削になり、最初の頃は1通の国内手紙を作成するのに丸半日を要したが、それも日が経つにつれて商業文に慣れ、1回目の下書きでパスすれば卒業である。

当時はワープロのない時代であったので、複写用のカーボン紙を入れての手書きであった。松本が一番いやがっているのは、社長から「松本君、君の字は読みづらい。もっと丁寧に楷書で書くように」と言われての書き直しであった。下川の場合は、字が小さすぎるから、もっと大きな字で書くようにとの徹底的な指導であった。

牧村は3人の中で最後の指導であった。松本と下川からいろいろと聞かされていたので、松本ほどの苦労はなかったが、一度「すべて」の漢字の種類の使い方で、ちょっと言い合ったことが記憶にある。牧村が「総て」と書いたところ、社長は「総て」は間違いで「全て」に書き直せと言ったが、牧村は間違いでないと言い張った。結局、この手紙は社長の名前で投函するので、社長が通常使用している漢字を使用しろとの命令で、「全て」に書き直した。

入社後の1カ月間は、このような調子での徹底した基礎指導を受け、その後の3名には非常に尊い経験になったことは、この会社を退社してからしみじみと実感している。

（3）複雑な人間関係

1カ月もすると、新入社員も仕事に大分余裕が出てきて、会社の内部の状況も分かってきた。最初に気付いたのは、社長と他の社員（女性も含めて）はどうも折が合わないようである。ランチタイムに社員が1カ所で話し合っているところへ社長が近づいてくると、それとなく自然に話が途絶えて、全員が自分の席に戻る。まことに奇妙な光景に見えた。また、仕事以外のプライベートの件で社長と話し合っている社員をまだ見たことがない。何かがこの会社にあると、牧村は思った。

また、社長が一目置く多少年配の社員がいた。名前は佐々木で、非常に穏やかで貿易にも精通している。春山女史とは特に仕事上において親しく、お互いによくフォローし合っている。先輩格の営業社員には二人いて一人は杉野でもう一人は森岡だが、この二人は牧村と同じ大学を卒業しているので牧村の先輩である。そのようなことがあってよく面倒を見てくれた。

マネージャーは川野といって社長の姻戚関係にあり、常に大阪弁で話している。佐々木の話によると、この会社は倒産ではなくて一度分裂したことがあり、その仲介役としてマネージャーが社長の依頼で入社し、以来、社長と社員の橋渡しをしているとのことである。その話を聞いて、ランチタイムでの光景も何となく納得させられた。

2カ月ほどして、マネージャーから、今晩社長が君たち3人に話があるので、時間を空けておくようにとの命が来た。指定された時間に、指定された新橋の小さな料亭風の店に行くと、そこにはすでに社長とマネージャーが待っていた。社長とマネージャーが、これまでの仕事の労《ねぎら》いと、社長のこれからの目標とかの一般的なことを話してから、マネージャーが本題を切り出した。

「入社してまだ2カ月ほどでこのような質問は酷かもしれないが、今晩君たち3人にここに来てもらった理由は、この2カ月間で感じた君たちの率直な気持ちを聞かせてほしいことである。社長はじめ私も君たち3名には大いに期待しているし、当社をこれからより安定成長させるためにも君たち3名の新鮮なパワーを必要としている。そこで、非常識なことは承知のうえでの質問になるが、これから末永く社長と共に頑張ってもらえるかどうか、教えてくれないか。ところで……牧村君はどうだ」

と、日頃は大阪弁でまくし立てていたマネージャーが、意識的に関西弁特有の抑揚をところどころ交えながら、牧村を指名した。突然の一番指名で、牧村は何をどう言ってよいか分からず、しばらく頭の中で言葉を選び、整理してから、

「入社してまだ2カ月ばかりで、どうこう言えるほどの仕事はしておりません。また、会社の内容についてもまだ十分分かっておりません。失礼な言い方になるかもしれませんが、社長が本当に公私共に信頼できる人であれば、社長と共に頑張っていきたいと思っておりますが、その回答にはもっと時間が必要です。ただ、僕自身は将来チャンスがあれば独立したいと思っております。それまでは責任を持って一生懸命に仕事をさせていただきます」

と、牧村はランチタイムの光景を頭に描きながら、今の営業社員の社長離れで社長は何かを見極めたいのではないかと思った。同様の質問が、松本、下川にもされて、二人とも当たりさわりのない回答をした。そして、1カ月間の基礎指導がこの3名に行われたことも何となく分かった。その後、社長から今後の展望や貿易業務の面白さ、日本には工業資源がまったく不足しているので輸入量も多く、それらの資源を

利用した製品輸出立国にならなければこれからの日本経済の発展はあり得ないことを、得々と語り続けた。確かに、当時は輸出を奨励させるために税の特別措置法なるものがあって、輸出申告書に基づいて所定の用紙に船積業務の一環として記入していた。

(4) キャッシュフロー

そのような3名との密会合があった後からは、牧村も以前にまして社内の動きに興味を持ち、会社の動きもそれなりに理解できるようになった。特に船積業務に従事していると、会社の資金の流れも船積課の方で把握できるようになる。何らかの原因で船積みが一船遅れると社長とマネージャーの動きもそれに応じて変わり、メーカーの納期遅れの場合はマネージャーがすぐにメーカーに出向いたり、春山女史に一番近い次の船を捜させたりして、相当資金繰りに苦労しているように見えた。

ある日、社長が春山女史に、ある海外の顧客へのセールス・ノート（売上確認書）を作成させ、佐々木に顧客のサインを真似て、その客のカウンターサイン欄にサインするように依頼している。銀行との電話の内容を聞いていると、どうもその偽造の受注書で融資を依頼しているようである。その後、社長はその受注書を持って、あたふたと銀行へ出掛けた。

その時、牧村は初めてキャッシュフローという言葉を耳にした。確かに、帳簿上は十分な利益を計上していても、予定されていた船積みが遅れるとその分入金も遅れてキャッシュフローに影響を与え、その入金予定に合わせた支払いがあれば、当然その分も遅らせなければならない。通常の現金支払いであれば何とか理由を付けて延ばすことができるが、手形であれば待ったなしである。恐らく、社長が偽の受注書を持って銀行に駆け付けたのも、何か延ばせられない支払いか手形が回ってくるのではないかと感じた。

また、このような資金力の低い小さな貿易会社では、このキャッシュフローがいろいろなところで顔を出すことも分かってきた。貿易会社の新規顧客獲得方法の第一手段は、ダイレクト・メールである。海外の顧客リストを買い付けてから、各メーカーの商品を1冊にまとめた英文カタログを作り、カバーレターと価格表を大きな封筒に入れ、一斉にエアメールで一方的に送り付けて、その反応を待つ方法である。それには膨大な資金が必要になってくる。その印刷代と郵送代が馬鹿にならない。印刷代は交渉次第で分割払いも可能なのでそれほどの負担を当初は感じないが、郵送代は発送時の現金払いなのでその負担感は大である。

ある時、社長が全営業社員に「郵送代が大変だからダイレクト・メールは当分控えろ」と言い始めた。それを聞いて、「社長は何を考えているんだ。それでは注文を取るなと言っているのと同じことではないか。どうなっているんだ、この会社は……」と、持っていた鉛筆を机に投げつけて、投げやりな態度をとっていたのは杉野だった。

その時の船積予定と照らし合わせると、牧村には納得のいくものがあった。予定からすると、細かい船積みは数件あるが、まとまった金額の船積みはメーカーの納期遅れが出て来月になっているため、ここで出金をすれば月末に資金ショートが生じる恐れがあるかもしれないとの社長判断のように感じた。このような小さな会社内部の資金状況は、資金化に従事している船積課でないと把握できないことも分かり、船積課を選択したことが正しかったと感じ得た。

3カ月もすると、牧村も一通りのスタンダードな船積業務の手順が頭に入った。同様に、松本、下川も、もともと語学力に長けているので、ほとんど添削なしで英文レターを完成できるようになっていた。貿易業務に完全に精通するには、最低3年以上を要すると言われている。いろいろなケース、トラブル処理、船積業務の取得、その他諸々を一通り経験するのに3年以上要することを意味し、3カ月の経験ではまだ貿易業の入り口をウロウロしている状態であることを、新入社員3名は佐々木、杉野から十分教えられていたが、何か会社の雰囲気に馴染まなくなっていた。

（5）松本の退社

8月の初め、松本が無断欠席した。数日経っても出社しない。杉野がおかしいと感じて、松本の机の中を調べてみると、退職届が入っていた。松本は自主退職したのだ。牧村にも、下川にも黙って逃亡したのだ。松本は学生時代にバンドのボーカルをしていただけに、特に英語の歌はうまかった。事務所はビルの4階にあったが、エレベーターのないビルだったので、大きな声で英語の歌を唄いながら階段を上がってきた松本が急にいなくなると、何かさびしく感じられた。

松本の退社後の社長の様子を見ていると、社長は松本にはそれほど期待していなかったように感じた。確かに松本の英会話の力はだれよりも長けていたが、その業務態度には何かこの会社の方針と沿わないものがあり、時には自動車部品のような細かい引き合いには投げやりな言葉を発したこともあった。そのことは、牧村と下川と酒を飲んだ時に顕著に現れた。「今、この会社で取り扱っている細かい商品の積み重ねではなくて、何か一発デッカイ商品での取引をしたい」と業務内容の不満を松本は口にしていた。

それから数日すると、朝早く牧村と下川以外だれもまだ出社していない時間帯に電話が鳴り、受話器を取ると松本の声がした。「黙って辞めて、すまん」と謝った。そして、今晩会いたいと言ってきた。その日の晩8時ごろ、新橋駅近くのよく利用した居酒屋で待ち合わせて、松本の話を聞いた。

「黙って辞めて。すまん」

下川と牧村を前にして、開口一番に松本はまた謝り、

「どうもあの会社のやり方が合わなかった。特に、あの社内の人間関係には我慢できなかった。それでひそかに次の会社を探しているうちに、会社の近くで、自社ビルを持ち中国人が経営している貿易会社の募集に応募したところ、運良く合格したといったところなんだ」

「どんな会社だ?」

と、下川が聞くと、

「輸出輸入の両方をしている会社で、俺は輸出の方で応募した。まだはっきりしないが、運搬機械やその他の大型機械の輸出を計画しているので、その仕事に回されると思う。相当の資金力もあり、どうも中近東辺りの市場を狙っているようで、夢がかないそうな感じがする」

と、以前とは違った何か期待に満ち溢れた顔つきになり、延々と松本の夢が語られた。それを聞いた牧村は、日々の細かい取引を積み重ねるよりも、多少時間をかけてもでかい取引を追いかけられる資金力のある会社がこの男の性格に合っていると感じた。学生時代にバンドでボーカルと司会を務め、一般の学生とは異なった華やかな生活を送り、そして米国女性を同棲に持ち込む性格が、やはり今回の行動を起こさせたと理解した。夢を語り希望に満ち溢れている松本を見て、正解なのだろうと思った。

松本の退社後、下川は社長から相当重要視されるようになった。比較的重要なメーカーの輸出の取り扱

いを任され、そして下川の地道な性格から判断しても、まだ会社に愛着があるような様子であった。一方、牧村は、船積業務の基本を徹底的にマスターできる業務環境であり、特に他社では手掛けにくい共産圏の船積みをも経験できるこの会社の有意義性を感じ取っていた。実際にその現場に入ってみて、小幡先輩が言っていた「小さい専門貿易商社」での勤務の有効性、重要性が分かり始めた。

（6）牧村の退社

しかし、社長のほんの些細な一言で牧村は退社することになった。

振り返ってみると、牧村はこれまで1日も休んでない。10月の下旬頃に田舎の妹から、11月の上旬の祭日を利用して牧村が住んでいる横浜に遊びにいきたいとの手紙が来た。ただ、飛び石連休になるので、中日に休みが取れるかとの問い合わせもあった。牧村は、できれば3日間妹に付いて横浜と東京を案内してやりたいと思い、社長に相談した。これまで1日も休みを取らず、この半年頑張ってきたので間違いなく「ＯＫ」の承諾を得られると期待していたが、それに反して、「何も休むことはないだろう。その日はハトバスに乗せておけば、一人で東京見物できるよ。それでどうだ」と、そっけない返事。

牧村は黙って退席し、これで終わりだと思った。入社2カ月ほどして社長から新橋の小さな料亭に新入社員3名が呼び出されたことを思い出した。あれから、松本はすでに退社し、牧村は自分自身も恐らく二人目の退職者になるだろうと思った。そのような思いに至った心中には、入社して半年、春山女史の下で徹底的に教え込まれたこの会社での船積業務に、ある程度の自信過剰ともいえる満足感があったのかもしれない。

妹は予定通り上浜してきた。牧村は丸3日間妹を横浜の名所、山下公園、港が見える公園、元町、伊勢佐木町、中華街などを案内し、多少贅沢な食事もした。東京は不案内であったために、ハトバスを利用して、牧村も東京見物した。入社して約半年間1日も休まずの遅刻なしの出勤、それも船積業務の取得に時間を費やした牧村には、心身を癒す3日間であった。

3泊4日の滞在を終えた妹は田舎に帰り、飛び石連休を3連休にした中日は無断欠勤にした。牧村の心中はすでに退社を決めていたので、祭日が終えた翌日の出社をどうするかいろいろ考えた末、当分このまま無断欠勤を続けることにした。数日してから、社長宛に退職届を郵送し、一方的な自主退社になった。しかし、後で届けられた離職票の退職理由には、意外にも「会社の都合による解雇」となっていた。これだけのちょっとした心遣いが日ごろの社内で実行されておれば、社内の人間関係も和やかになり、社員のやる気を促すことに気づいていないのだろうかと、その離職票を眺めながら思った。

退社後しばらくして、恐らく社長が受話器を取ることはないと思って、一度、会社にいる下川に電話をしたことがある。ところが予測に反して応答したのは社長で、すかさず「牧村君か、牧村君ではないのか?」と言われて、牧村は慌てて電話を切った。期待した新入社員3名の内二人が次々と退社し、いずれは自分一人になるかもしれないという不安を抱えているように見えた社長に、哀れさを感じた。この会社の約半年の在籍期間に、牧村は数多くの貴重なことを学んだ。船積業務は無論のこと、キャッシュフローの重要性、社内電話に耳を傾ける習慣、商業文、そして社長たる者のあり方と、本当に小さな会社でないと経験できないいろいろな事柄を経験させてくれた。

第5章　貿易と輸出規制との戦い（昭和42年1月〜44年頃）

（1）小幡先輩との再会

失業保険で必要とされていた6カ月はクリアしていた。そして退社理由が解雇になっていたので、申請の翌月から失業保険の給付を受けることができた。次の会社が見つかるまで、失業保険と港のアルバイトで適当に時間を潰していた。牧村は、卒業と同時に下宿の近くのアパートに移り、下宿の後輩たちとの交流を続けていた。後輩たちは4年生でほとんど授業に出ず、常に何かのアルバイトをしていたので、アルバイトを見つけるには何ら苦労しなかった。

後輩たちは次々と新しいアルバイトを見つけてきた。面白い仕事があると後輩の一人に言われて、朝早く6時頃近くにある駅の裏側に行った。すでに、その日の仕事を求める多くの人たちが立ち並んでいた。しばらくすると、どこからともなくそれらしき男性が現れて、次々と声をかけている。人数に達するとその人たちを車に乗せて立ち去っていく。牧村たちのところにもその男性が来て「××倉庫の掃除、1日800円でどうだ」と声をかけてきた。断ると、次の男性が次の仕事を持ってくる。仕事の内容と賃金が合えば「お願いします」と言って、車のある場所へ行く。仕事が終わると、その場でその日の賃金がもらえて、その日暮らしの人たちには都合の良い場所である。

そのような生活を1カ月ほどして、久しぶりに先輩の小幡に会った。そして退社の顛末を話し、どこか良い貿易会社の紹介を求めた。数日して、小幡の学生時代の友人が東京の麹町の英国大使館の裏側で電子部品を輸出している小さな貿易会社――東洋電子貿易株式社（Toyo Electronics Co. Ltd.）を共同経営しており、その会社が船積業務のできる人を求めているから、紹介してもよいとの連絡が入ってきた。それは年も明けての1月の中頃であった。

面接は近くのホテルで、昼食時間を利用して行われた。社長はでっぷりと貫禄のある体格で、日本で一番大きい商社で勤務し、中国駐在で穀物などを扱っていたと言う。専務は、営業の責任者で一見して上質と分かる背広に、ケントを吸っている。多少小柄であるがスマートでスタイリッシュな体格である。輸出先は主に香港と台湾で、トランジスタ・ラジオの部品を主にオールキットで出荷し、船積件数も日々増えているので、ちょうど船積経験者を求めていたところだったと言われた。提示された初任給は税込の35000円で通勤交通費は別途支給であった。

（2）外為規制と輸出検査制度下での違法船積み

入社に一つの条件があった。それは普通車の免許を所持していることであった。牧村は車の免許を持っていなかった。費用は会社負担で2月末までに免許を取得し、3月1日からの出社を告げられた。牧村は翌日に、横浜の二俣川の運転試験場近くにある教習所に申し込み、毎日教習所に出向き、その日の教習終了後は必ず電話を入れて教習課程の報告をした。その頃の教官の教え方は荒っぽく、言葉も悪く、何かヘマをすれば馬鹿呼ばわりである。それでも何とか予定通り免許を取得して3月1日からの出社に間に合った。

牧村はこの東洋電子に約7年間勤務することになるが、前の会社では経験し得なかった電子部品輸出業界特有の新たな試練の下で、「小さな専門貿易会社」の真髄、生き延びるための処方を学ぶチャンスに遭遇した。

まだ1ドル360円時代で、輸出奨励政策が実施されていたが、それに反するかのような極端な外為規制も敷かれていた。また、日本製といえば粗悪品の代名詞のようなものだったので、それを返上させるために事前輸出検査制度（特に、東洋電子が主力とするラジオ用の電子部品）が厳しかった。トランジスタ・ラジオで使用される半導体、並びに戦略物資項目の「第二別表」に掲載された部品は、輸出ライセンス取得制度などのもとにあった。トランジスタ・ラジオ部品をオールキット構成で船積みする場合の書類の煩雑さ、その規制を逃れるための数々の違法行為が必然になっていた。

実際に東洋電子のような資金力のない小さな貿易商社間においては、香港、台湾、韓国市場での過当競争を生き延びるため、価格競争は無論のことである。それよりも重要なことは、海外の買主の立場に立っていかに予定通り、さらにはそれよりも早く貨物を届けられるかが競争に勝つために残された道で、船積担当者の相手は常に銀行であり、税関であり、時には通産省（現経済産業省）であり、そのあと押しをしてくれたのは、小さな乙仲《おつなか》（通関代行業者：通常乙仲を経由して輸出申告用の書類が税関に提出され、輸出用の貨物は乙仲指定の倉庫で許可が下りるまで保管される）と船会社であった。

初めて出社してみると、その事務所は2階建ての1軒家の1階を使用して、広さ6畳1間の中にすでに5名が占拠している。お客が来ると応接間は車の中となる。牧村の座る場所もなく、数時間も立ったままで仕事らしい仕事もない状況であった。2時間ほどすると、社長がどこへともなく出かけたので、社長の机と椅子が牧村の場所になったが、肝心の船積みの仕事は一向に回ってこない。先輩格（牧村より若い）の男性と車で外回りに出た。銀行、海上保険会社、船会社、乙仲、電報打ち、通産省への輸出ライセンスの申請とピックアップなどで、それぞれの所在地確認と担当者への紹介である。

しばらくすると、一人の若い女性が入社してきた。それに合わせたかのように、2階の方も借りて、社長と経理の女性は2階に移った。これでやっと、牧村と新人女性に机と椅子が正式に与えられた。構成は、高木社長、石田専務、青木部長、経理担当は女性で名前は水口、それに船積担当で先輩格の久保、牧村、それに牧村の後に入社した女性の西村。これが過酷な1年間の始まりとは、牧村はまったく予知できなかった。

しばらくして、仕事より遊びを常に先行していた久保は退社して、船積みの中心は青木部長、牧村と西村になった。毎月の船積件数は50件以上ある。ほとんどの船積みはL／C（信用状：国際的に使用されている決済方法で、L／Cの発行銀行がその支払いを保証している書状）付のため、船積後の銀行買取用の書類は全てL／Cに記載されている条件通りに作成しないと現金化されない。前の会社のように1カ月10件程度の船積みであれば書類作成のチェックも十分できるが、50件以上もあると作りっぱなしで、サインする社長のチェック、最終的には買取する銀行がチェックする。そのため会社の訂正印を銀行に預けてあるが、B／L（船荷証券、有価証券の一種）、海上保険などの外部で作成された書類に訂正が見つかると、その都度銀行からその書類を引き上げて、訂正印をその会社へもらいに行き、その日に資金化しなければならないため車は必須であった。

(3) 電子部品に課せられた輸出検査

昭和40年代は外貨・品質などでの輸出規制が厳しく、輸出品に対してはいろいろな規制があった。日本からの粗悪品出荷防止のために、いろいろな商品が輸出検査を受けており、その検査合格証がないと海外への出荷ができなかった。特に電子部品には検査対象品目が多く、コンデンサー類、レジスター類、ボリューム関係、被覆線関係、スピーカーなどで、メーカーは全数を検査所に持ち込み、合格品に対して各カートンに検査済の封印紙が貼られ、検査合格証が発行される。単品出荷の船積みならばそれほど神経を使わないが、複数の電子部品（全部メーカーが異なる）やラジオ1台に必要な全ての部品をキット構成で出荷する時は、検査で不合格品が発生すると、その1品を除いての船積みを予定通り行い、後日その部品を航空便で送る方法を取らざるを得なくなる。

受話器を取り上げ、いつものように社名を伝えると、

「牧村さん、港北電解の中村です。申し訳ない。検査落ちました」

と、電解コンデンサーメーカーの営業担当者、中村からの電話である。キット構成の船積みで、このメーカー以外の部品は全て港の倉庫に入っている。このメーカーの電解コンデンサーの合格率は低いが、値段は同業他社品よりも安く、キット価格を合わせるために石田専務はやむを得ず注文しているようである。他の部品の納期より相当早い納期を要求して、納品遅延が起きないように手を打っての発注になっている

が、いつも最後でギリギリの納品である。

「中村さん、それでは間に合わないよ。他は全部納品されていてお宅だけだよ。明日税関に書類出さないと、船に間に合わないところまで来ているんだから。何とかなんないの。この船を逃がすとL／Cの船積期限も切れるし、大変なことになるんだから。覚悟できているんなら別だけど」

今回ばかりは中村に何とかさせるために、いつもよりも荒っぽい口調で牧村は言った。

「牧村さん、もうエアフライト（航空便）は勘弁してよ。前回の件でコリゴリです。あれじゃえらい赤字で、何をしているかまったく分かりませんよ」

「だから、ちゃんとやってくれれば、こんなことにならないんだから。中村さんのところはいつも最後にはこうなるんだから。中村さんの遅れで、他のメーカーさんにもこれ以上迷惑をかけられないし、エアしかないよ」

と、引導を渡す言葉を告げた。

「じゃあ、この方法で助けてくれないかな。同数の検査書を用意するので何とかなりませんか。もちろん封印紙は何とかします。今回は何とかそれでやっていただけないですか。何とかこれでお願いしますよ」

と、中村の悲壮な、思いあまった声が聞こえてくる。

「しかし、輸出検査になるとアウトだからな」

「問題ないです。この検査書には合計数量のみで、明細は一切入っておりません」

予期した質問に対して、切り札を手にしたような口調に変わった。

「そんな検査書で通関通るの？」

「大丈夫です。他の貿易会社でやってもらったことがあり、ちゃんと税関を通っていますので」

どうも最初から検査を受けてないのではないのかと、牧村は思えた。牧村はいまだに経験したことのない検査書なので、もしこれで通関が通るのであればこれから使えるかもしれないと思い、一度は試してみる価値があると考え、

「本当に大丈夫だよね」

と、中村に念を押してもまったく意味のないことは分かっていたが、思わず口にした。

「大丈夫です。事実ですから」

と、やっと受け入れられそうな流れに安堵感を得たのか、力強い言葉が返ってきた。

「分かった。それを信じてそれで行こう。じゃあ、明日の搬入はＯＫだよな」

「問題ないです。検査書は今日届けます」

と言って届けられた検査書には「Electronic Condenser」の名称と数量のみで、仕様明細は一切ない。牧村は初めて目にした検査書であった。輸出検査もなく、船積みは無事に完了し、予定通りの資金化になった。

（4）1ドル３６０円時代の外為規制

昭和40年代頃はいろいろな外為規制もあったが、その規制通りに手続きを進めていては、海外のお客の要望通りの納期での出荷はまったくできない。当時一番頭を悩ませたのは、無為替輸出であった。無償品（見本とか代替品の決済の要しない商品）とか小額輸出の場合、１００米ドルまでは通産省の認可は不要であるが、１００ドルを越えると出荷ごとにその認可を取り、その認可証を税関に提出しなければならない。

電子部品の輸出、特に香港、台湾、韓国などへの輸出に関しては、各電子部品に対して注文数量の1％を無償で支給することが慣わしになっていた。したがって、この1％の無償品が最大の問題点で、規制通りの手続きで業務を進めると、大変煩雑になる。毎月約50件以上の船積みがあれば、毎日のように通産省へ出向かねばならない。また、海外のお客から受領するL／Cには、必ず「1% Free Spare Parts Included」の文言が記載されている。この輸出ライセンス（通産省の認可）を逃れるために、部品単価を調整してL／C上の総額に合わせなければ、船積後の資金化で総額の入金が不可能になる。

通常海外と商取引を行う場合、いろいろな諸経費、日本国内の輸送費、輸出通関費用、荷を船に乗せるまでの全部の費用を含めた建値が［FOB］と呼ばれ、それに海上保険が含まれている建値は［C&I］（この場合の［C］は［FOB］を意味し、［I］は英語のInsurance—保険の［I］を意味する）、また、海上運賃も含まれている時は［CIF］（この場合の［F］は英語のFreight—運賃の［F］を意味する）を建値にする。

ほとんどの注文は［CIF］契約になっているので、牧村はこの1％問題を解決するために、［CIF］単価を［FOB］単価に変更して差額を作り、その差額分を海上保険と海上運賃に割り当て、合計金額を合わせる方法でクリアしていた。

しかし、時々、税関担当者から、乙仲経由で、L／C原本のコピーの提出を求められる。無論、このままL／Cコピーを提出すれば、「1% Free Spare Parts Included」が明記されているので違法行為が露見し、この方法が以後使用できなくなる。当時、コピー機はすでに存在していたが、それは溶剤を使用して写真の印画紙に焼き付ける方式で、現在のコピー機と比較すれば大変な作業である。牧村は、まずコピー機でL／Cをそのままコピーしてから、タイプで打ち込まれた英文字を全て修正液で消し、その上に、原本L

／Cに記載された通りにタイプ打ちをするが、数量に1％加えて（10000個を10100個にする）、そして「1% Free Spare Parts Included」をL／C上から削除する。そして出来上がったコピーを再度コピーし、それを税関に提出して難を逃れていた。このような不自然な書類に、当の税関担当員も捏造された書類と察していたように感じられるが、当時は国を挙げての輸出奨励の時代であったために、提出を求めることは定期的に行われる単なる儀式であったかのように思える。

その日も、香港からの国際電話を終えた専務が、専務室から出るや否や牧村に向かって「ちょっと来てくれ」と声をかけ、引き続いて「例の方法で、この500本のロッド・アンテナを大至急エアフライトで、イーストレックス社に飛ばしてくれないか。フライトはコレクト（運賃着払い）で」の指示である。

「例の方法」とは、他社の前受証明書の金額を利用しての船積みである。ロッド・アンテナ500本ともなると到底100ドル以下の金額にはならない。本来ならば、L／Cの到着ないしは同額の外貨小切手、または銀行送金を受けてからになるが、専務が承諾した以上、イーストレックス社に何か重要な問題が発生しているようである。ラジオの組み立て中に、この部品の欠品が発覚したのかもしれない。

当時の商取引の輸出通関には、必ず決済条件を記載するED（輸出申告書）を作成して、銀行の承認印をもらわなければならない。今回は前受金での申告になるが、イーストレックス社からの前受金はこれまでにもたびたびあり、その都度銀行で前受証明書を作成しているが全て使い果たしていたので、他社の前受証明書を使用しなければならなかった。もし1社の前受証明書で金額的に不足があれば、他社の前受証明書との合算方法か、極端にアンダーバリュー（税関への申告価格を下げること）にしてロッド・アンテナの総額を落とすしかない。どうしても複数の会社の前受証明書を使用しなければならない時は、相当厄介な作業になり、残された最後の手段である。

牧村は、お客の要望に常に応じられるように、前受証明書で船積みする際は、常に輸出申告額をアンダーバリューにしていた。今回の場合は、他の1社の前受証明書で間に合うが、全ての申告書類（ED、インボイス、パッキング・リスト）は、その他社の会社名で作成して、エアウェイビル（Airway Bill）上の荷受人をイーストレックス社にする。また、貨物にアタッチされる書類は、全てイーストレックス社の名前で作成しなければならない。いろいろと面倒であるが、この方法を使用すれば、臨機応変に貨物の出荷は可能であり、特に電子部品を専業とする貿易会社には必要とされている。確かに違法行為であるが、商売上やむを得ない方法と牧村は思っている。毎日が規制との戦いであった。

（5）キャッシュフローとB／L（船荷証券）

この会社も、以前の会社同様に相当資金繰りが厳しいようである。社長は毎日のように「あの船積みはどうなっている？」と聞いてくる。「あの船積み」を聞くと、前の会社の「あれどうなっている？」を思い出し、また春山女史の顔が浮かんでくる。

牧村は、月初めにその月の船積予定表を社長に提出している。社長はそれに合わせて資金繰りをしている。貿易会社であるにもかかわらずメーカーに約束手形を切っていることは、最低でもその手形金額分が資金ショートしていることを意味している。同様に、専務も「あの船積みはどうなっているか？」と聞いてくるが、同一の船積みでも社長と専務では答えが違ってくる。社長が知りたいのは資金化になる日で、専務は本船の到着日である。もし、本船の出港が遅れると、社長は「B／Lの前発行」を命じてくるし、専務は場合によっては、その本船と同日到着の他の船を捜すように命じ、運良く見つかれば「船名変更」を要求してくる。それにより資金化に遅れが生じると、社長と専務の口論が起こる。口論の末、船名変更取り消しになると、牧村は車でＫＤＤに電報を打ちに飛ぶ。本船到着遅延の連絡である。

輸出で資金化に一番重要なのはＢ／Ｌで、この船荷証券が船会社から入手できない内は、銀行での資金化は不可能である。したがって、いかにしてこのＢ／Ｌを当初の予定通り入手できるようにするかが、船積担当者の腕であった。天候などの原因で、本船の出港が遅れれば、その遅れた日数分Ｂ／Ｌの入手も遅れる。キャッシュフローが厳しい会社は、それでは通用しない。それを解消するにはＢ／Ｌの前発行であるが、これは違法行為であるために、大手の船会社では絶対に前発行は受け入れなかった。

しかし、昭和40年代初頭は船会社と乙仲の戦国時代の最中で、中小の船会社と乙仲が乱立していた。輸出貨物を獲得するために輸出業者の要望、特にＢ／Ｌの前発行をその輸出量に応じて受け入れる船会社を見つけ出すことも、船積担当者の技量の一つであった。牧村は、そのような融通を受け入れてくれる船会社を数社持っていた。時には社長の要望に応じて、まだ入港しない本船のＢ／Ｌを発行させたこともあり、そのためには乙仲の協力も必要であり、まさに支離滅裂であった。

（6）同僚と共同経営者

この会社に入社して1年近くになろうとしたある日、「牧村さん、下川さんというお友達から電話です」と、電話を取った西田から内線を受けた。牧村はこの1年近く仕事に追いまくられて、ほとんど下川や松本を思い出すこともなかった。

「下川か。久しぶりだね。元気か？」

「元気でやっている。そっちも声からして、相当張り切ってやっているようだね」

「やたら船積件数の多い会社で、毎日酷使されているよ。ところで、まだ、そこで頑張っているのか？」

「実を言うと、数カ月前に辞めて、今は××会社に変わったんだ。それで積もる話もあるので、近い内に松本も含めて一度会わないか？」

下川は時間があれば、今晩でも会いたがっているように聞こえた。また、××会社と聞いた時、その会社は下川の担当メーカーであったことも思い出した。「もし、よければ今晩でも会えるよ。松本はどうかな？」と答えると、「彼は毎日6時前に退社しているので、早めに電話すれば調整できるはず。これから電話を入れて確認してからもう一度電話するので、少し待っていてくれ」

それから、1時間ほどして再度電話があり、その晩7時に新橋の烏森口の改札前で会うことになった。その日は、青木部長に事情を話し、6時過ぎに退社の了解を取り、必要であれば、明日土曜日も出社する覚悟でいた。

牧村、下川、松本の3名は、前の会社でたびたび使用した居酒屋で1年ぶりの再会の乾杯をして、それぞれのその後の仕事の内容を話し合った。前の会社を最後に退社した下川の話によると、下川が退社する前に、佐々木、杉田、春山女史も退社し、佐々木と杉田はそれぞれの担当メーカーにスカウトされたとのことで、川野マネージャーも下川の退社後、大阪に帰ったそうである。牧村は退社後、会社にいる下川に電話した時、最初に応答したのは社長で、「牧村君か、牧村君じゃないのか？」と必死に話しかけてきた言葉を思い出した。社長は、恐らく牧村など3名が入社する以前に、遅かれ早かれこのような状況になることを察知し、3名の入社を計画し、決めたように思える。そして入社して間もなく、3名は料亭風の部屋に呼ばれて社長自ら社長支持の決意を打診されたことを考えれば、その思いの深さは相当のものであったと感じた。

牧村が退社した後、佐々木上司から知らされたことは、社長と佐々木上司は、以前この業界では相当有名な車部品関係の貿易商社に勤務していた同僚で、二人同時に退社した後にこの会社を起こしたとのことである。この不可解な社内の人間関係は、社長と佐々木上司との間に生まれ、後から入社した杉野や森岡は佐々木上司に付いたために、社長が孤立し、そのパイプ役として社長の姻戚関係にある川野がマネージャーとして大阪から呼ばれたとのことである。そのような社内人間関係を知っての依頼であるために、川野マネージャーは貿易業務よりも社内の一本化に奔走したが、その溝は修復されることなく終焉を迎えた結果になった。

社長と佐々木上司が以前の会社で同僚であった時は、二人とも何の利害関係もなく意気投合して、新たに会社を起こしたはずである。設立後は、仕事に対するそれぞれの野心から生じる方向性の違いが大きくなればなるほど、その溝も深まる。それぞれが担当する取引の売上額や収益率は、同僚同士であれば時には自慢話となってお互いに励ましになるが、新会社を起こし双方が共同経営者ともなると、自然に優劣がつけられ、業績の高い方の意見が通るようになる。

牧村が船積みを担当していた時は、確かに社長よりも佐々木上司の船積みが多かったことは事実であった。社長は小さな社長室で執務をしていたが、佐々木上司は社長室から一番離れた船積課の横に机を置いていた。当時は、なぜこのように離れたところで仕事をしているのか理解できなかったが、下川の話で当時の社内状況が見えたと同時に、共同経営の難しさも知らされた。

確かに、牧村、下川、松本の3名は気の合う同僚である。同僚であるうちは、何の利害関係もなく自由に話し合えるが、3人が意気投合して新会社を起こせば、同様の結果をもたらすのではないかと感じた。そこには金が常に付きまとうからだ。同僚で給料をもらっている間は、失敗しても成功してもただの友人として、失敗すれば慰めてくれたり、成功すれば祝ってくれたりする。いったん、3名が共同経営者になれば、営業に携わる各自のその日、その月の収益が支配し始める。牧村が船積みと経理を担当すれば、営業を担当する下川と松本とに溝ができて、牧村に相手の愚痴をこぼすようになることだろう。そうなれば社長と佐々木上司との人間関係になり、いずれは同じ運命を辿ることになると思った。

牧村は東洋電子に入る面接の時に、「自分は30歳までは会社のために一生懸命働きますが、30歳を越えたら独立したいと思っております」とはっきり告げていた。その気持ちは何も変わっていない。独立の時は自分一人か、または畑の異なった技能を持った人との共同でなければ会社をスムーズに運営できないと、今回の下川と松本との話し合いで悟らされた。

（7）さらなる躍進のための事務所移転

2年近く、朝から深夜までの書類作り、メーカーとの納期交渉、それに乙仲、銀行、通産省などの対応で一時も休む暇もなく、馬車馬のように働き続けてきた牧村の身体に、異変が生じ始めた。集中力がなくなり、出社しても何か気分がすぐれず、どうしても1時間ほど横にならざるを得なかった。

船積件数も増え、今の事務所のサイズと人員では到底賄える状況でなくなっていた。とりあえず、青木部長に体力の限界を訴え、船積担当者の増員を社長に進言するよう要請した。青木部長もその状況を把握していて、「牧村の最近の健康状態を見て、すでに社長と専務に新事務所の確保と船積担当者の増員の相談を促しているので、それまでもうしばらく頑張ってくれ」との返事であった。

それから、1カ月ほどして現事務所から20メートルほど坂道を上がったところのビルの1階に新事務所が見つかった。サイズは40坪ほどあり、十分過ぎる広さであった。早速、社長室を中心にして、左右の専務室と経理室の間に仕切りの板壁が貼られ、応接間も作られた。

それと同時に求人広告が新聞に載り、女性2名と男性1名が採用された。牧村は船積統括の席に着いて書類作りから解放され、船積全体を管理するようになった。青木部長も100％営業に専念し、専務と二人でフル活動に入ると船積件数もそれに応じて増え始めた。牧村の仕事は船積上のトラブルの対応、それにいかに予定通りに資金化させることが中心になった。

第6章 船積みから営業へ、そして台湾・香港（昭和44年〜45年）

（1）出張命令

それから数カ月すると、牧村にも台湾、韓国向けの営業の仕事が回ってきたが、それは青木部長の指揮下の仕事であった。完全な商業英文になるまでは、青木部長の添削が入り、青木部長のサインでのレターになる。下川と松本が前の会社で経験したこととまったく同じ形式である。

毎朝10時前に郵便が事務所に配達され、海外からの手紙にその日の受領印を押すのも仕事であった。部長と専務が出社する前に、全ての海外からの手紙を読み、使えそうな英文は全てコピーし、これからの自分の英語の参考資料にしていた。船積みなどの苦情が手紙に書かれていた場合の返事に、専務や部長がどのように回答しているのかを知るため、退社後や出社前にそれぞれのレターファイルからそれに関する手紙を探して学ぶように努め、1日も早く船積業務を取得した完全な貿易マンを目指していた。

その年の暮れ、社長と専務から呼び出しがかかり、1月上旬頃から3カ月ほど台湾に行ってくれないかとの命であった。これは専務の仕事であったが、その年の初め頃から台湾の高雄にある輸出加工区の1社、遠東電子有限公司にイヤホンとジャックを完全なキット構成で出荷していた。

遠東電子との技術・販売提携で、日本からは完全なキット構成で出荷し、加工区の工場で組み立てをする。その完成品を専務が香港のラジオアッセンブリメーカーに販売する契約になっていた。したがって、遠東電子からの支払いは、受注品の船積後、資金化になった分を月末にまとめて電信送金されることになっている。専務が注文を取り、L／Cを遠東電子に開設させる手配を取っているにもかかわらず、遠東電子からの送金に遅延が始まり、また予定額よりも少ない送金が増えてきたので、その調査が目的であった。

また、日本から出荷する部品数への不足クレームも多くなり、その都度次回の船積みでその不足分をカバーしていた。無論、日本の部品メーカーにその不足分をレポートし、無償で次回の納品に入れるように指示していたが、その頻度が多くなると部品メーカーも「台湾の検査方法が絶対におかしい」と逆に苦情を告げるようになった。

その頃になると、台湾の遠東電子が独自でイヤホンとジャックを売り始めているという噂も、香港のお客から日本に入ってきた。そのため、牧村の海外工場研修の名目で、台湾の遠東電子に数カ月面倒をみてくれとの簡単な依頼であった。

(2) 台　湾

牧村には、生まれて初めての海外出張（旅行）であった。当時はまだ外貨規制が敷かれていて、1回の渡航で持ち出しできる外貨は500ドルまでで、それもパスポートに記載されるといった重々しい雰囲気を持っていた。専務に連れられての台湾行きになった。

夕方に到着した松山空港《ソンシャン》は台北の市内の一角にあり、空港からホテルまでのタクシーの中で牧村の目に入る、写真でしか見たことのなかった街々の光景は、数時間前の日本の見慣れた光景とオーバーラップし、夢の中でそれらの見慣れぬ光景を見ているかのような錯覚に陥った。ようやく異国の光景に目が慣れてくると「我思う故に我あり」の感覚になり、これが台湾だ、そして自分は台湾に今いるんだと現実を取り戻したほどのカルチャー・ショックを受けた。

台北市内のホテルにチェックイン後、専務の行きつけの食堂「梅子」で食事をした。翌日、軍用輸送機を旅客機に改造したような双発機で、再度松山空港から1時間ほどのフライトで到着した高雄空港には、遠東電子の朱社長が迎えにきていた。日本生まれの台湾人で、日本語、中国語、英語と3カ国語に堪能で、専務と同年輩のように見えた。加工区の遠東電子の会社（事務所兼工場）に行く前に、「南亜大飯店」にチェックインする。1泊100台湾ドルで、当時の換算レートでは約900円になる。

遠東電子には日本語の話せる年配のスタッフがいて、唐といい、日本の台湾統治下時に強制的に日本語を覚えさせられたとのことだった。唐の日本語は軍隊調で常に命令的になる。「牧村さん、これしなさい」といった調子で、最初はそれほど気にもしなかったが、それを毎日言い続けられると、気にさわる言葉になってきた。もう一人若い男性のスタッフがいて、船積担当であった。日本語も英語も話せなくて、ほとんど会話はなかった。

事務所と工場を掛け持ちする丘と名乗る女性スタッフがいて、彼女が牧村の仕事のパートナーになった。当時の牧村の英語は、書く方はそれほど苦痛ではなかったが、会話の方は自分でも今ひとつと思っていた。丘は日本語はダメだが、英語の方で何とか意志を通じ合えることができた。年は20歳前の鼻筋の通った可愛い美人である。その後、工場長の宋と数人のスタッフが紹介された。その晩は、専務と牧村、それにその日紹介されたスタッフ全員が集まり、朱社長のはからいで歓迎会が大きな飯店で行われた。

専務も牧村も酒に強い方ではなく、なるべく呑まないように心掛けていたが、日本語を話す唐が「牧村さん、乾杯しましょう」と言って、招興酒を小さなグラス一杯に注いだ後、唐は自分のグラスを一気に空け、「台湾では相手がグラスを空けたら、貴方もグラスを空けるのが礼儀です。牧村さんも空けなさい」と軍隊調で言われ、呑まざるを得なくなった。それを見ていた他のスタッフも次々と、「牧村さん、乾杯」とグラスを一方的に空け始め、結局全員の乾杯に応じた。食事前の乾杯であったために酒の回りが速く、頭はガンガンし気分は悪くなる一方で、いても立ってもいられない状態になり、牧村は胃に入ったものを戻すことを考えてトイレに向かった。その後は気分もだいぶ楽になり、多少なりとも食べ物が胃に入ると、その後の酒に苦痛はなかった。それからも、相当量の招興酒を飲まされて、ホテルのベッドに横たわった時、天井がグルグル回り始め、2回目のトイレ行きになった。

翌日はまさに二日酔いで、起きるには起きたが、頭はガンガンしている。時計を見るとすでに8時半前で、まだ食事もとってない。電話が鳴り受話器を上げると、朱社長の声である。「牧村さん、大丈夫ですか?」と、朱社長の声が頭に響く。「相当な二日酔いで動けそうもない状態で、まだ朝食もとっておりません」と答えると、「牧村さん、午前中ゆっくり休んでください。お昼時間にこの近くで仕事の打ち合わせがありますので、その時ピックアップしますから」と言って電話は切れた。牧村は朝食なしで再度ベッドに横たわった。目が覚めると11時半頃で多少気分も楽になっていた。時間通り12時になると、朱社長から電話がかかり、昼食への誘いであった。「二日酔いには、迎え酒が一番」とビールが勧められ、結局その日は仕事を何一つせず、丸一日二日酔いを引きずったままになった。朱社長から晩食に誘われたが牧村は丁寧にお断りし、日本食堂を探し回った。

(3) 高雄での仕事

3日目から、牧村は社長から命じられた仕事に取り掛かった。朱社長は毎朝、社員と同時刻に出社し、9時過ぎには工場全体を見歩いている。これは、社員特に工員に社長はすでに出社していることを見せつけるためである。それを終えると、社を抜け出して昼食後に帰ってくる。ある時は仕事で、そうでない時はだいたいゴルフを楽しんでいる。牧村はその時間を利用して、船積みスケジュールをチェックして日本の社長宛に手紙を書き、午前中には加工区内の国際郵便局で投函する。

日本からキット構成の部品が到着すると、丘と一緒に数量検査をするが、最初はどのように検査をしているのか見守ることにした。丘は、手の空いている数人の女工を連れてきた。まず、1カートンを取り出し、その中に入っているビニール袋の数を数えさせて、袋に記されている数量を掛け合わせて、そのカートンに入っている総数量を確認する。その後ビニール袋1袋を取り出し、その数を1個1個数え始めた。数え終えると元の袋に戻して、天秤の皿の上に置いた。この袋を標準品として、他の袋を計測するつもりである。他の袋を反対側の皿の上に乗せて、バランスが取れれば0で、標準品の方が少しでも下がればマイナスで、上がればプラスを記す。そのプラスとマイナスの後に数字が入るが、その数は天秤の比率表示であって、重量でもなければ数量でもない。全てを終えるとプラス1やマイナス3を総計して、マイナスが多いとそのカートンの総数量は不足となる。計測の終えたカートンはそのまま部品倉庫へ運ばれて、それぞれの所定の場所に保管される。彼女たちの比率計算で不足数量が出る曖昧な計測に唖然とした。

次に、宋工場長にお願いして、組み立てラインを見せてもらった。唐の通訳を入れて、

「工場長、部品を投入する時、大体何個ぐらい入れるのですか？」

「その時の受注量によりますが、袋単位で入れます」

「そうすると、常に多めの数が投入されていることになりますね。ラインで余った部品はどうされていますか？」

「余った部品は、そのまま袋に入れて倉庫に返します」

「数は？」

「出来上がった数を差し引いた残りを記入します」

「ライン上でなくなったりしますので、実際の残数ではないんですね？」

「そう言われても、そこでいちいち残数を数えることはできませんからね」

「数量不足のレポートは、いつの時点で決められるのですか？」

「各入荷ロットが終了した時点です。在庫表にまだ300個計上されていても。実際にその部品が0であれば300個の不足になり、300個不足のレポートになります」

牧村は、不足レポートが日本に届くのに、船積後1カ月以上もかかっている理由が分かった。それと、これまでのレポートには、不足は記されているが、超過分が記されてない。

「工場長、一つ質問があります。不足のレポートは毎回いただいておりますが、超過分の部品のレポートがないのはなぜですか？　絶対に数量オーバーの部品はあるはずですが……」

の問いに、工場長の様子が変わってきた。

牧村はここでピーンと来たものがある。超過分の数量に合わせて、それに達しない部品の数量を不足分として要求しているのではないかと。それであれば、日本の部品メーカーの言い分も十分分かる。しかし、まだ結論は出せない。今回入ったロットで調査してみる必要があると感じた。翌日、工場長と丘に事務所に来てもらい、現在の日本での受入検査の方法を説明した。牧村が名古屋の鉄工所で働いていた時のことを思い出した。鉄工所とはいえ、外部から調達する部品は多々ある。受入検査をする時は、必ず自社のラインに合った数量に入れ替えるのである。それに計量器で検数する時は、必ず数量と重量を書き入れる。牧村は、工場長に天秤で検数するのではなく、最低1グラム単位で計測できる秤を用意する必要があることを説明した。日本から入った部品を100個単位で別の袋に入れ替えて、それに数量とその重量を書き入れるように指示した。

超過分が出れば余分な袋が出来上がり、不足が出れば最後の袋にその不足数量が記入されることを説明した。そうすれば、もっと早く日本側へその過不足のレポートを送ることができるし、その過不足に信憑性が生まれることを説明した。工場長は当然反対した。余分な時間と費用がかかり、余り意味のないことだと力説した。これまでのやり方で十分であるし、超過分に関しては以後一緒にレポートすることを約束すると言ったが、牧村はなおも執拗に説得を続けた。

しかし、ガンとして受けつけない工場長を見て、牧村はやはり何かがあると確信した。牧村が推測したことが事実であれば、例の噂も事実かもしれないと思った。もし、事実ならば、朱社長の指図なのか、それとも工場長の独断か。レポートは工場長が作成しているが、朱社長の手紙が中に入っていて、社長の注釈が付いている。朱社長が本当に不足分と信じていれば、工場長が内緒で工場内の部品を加工区から市内に持ち出し（加工区は保税区域なので、加工区で製造された製品を勝手に持ち出しすることは脱税行為になる）、島内の貿易会社へ売り込んでいることになる。牧村は、日本の本社にも、朱社長にも当面このことを内密にしておき、しばらく工場内の様子を見ることにした。

（4）高雄での生活

台湾での1カ月は早かった。特に高雄は台湾の南に位置し、冬とはいえ毎日が日本の春のような気候である。工場内の工員とも段々親しくなり、牧村も少しずつ簡単な北京語を覚え、時には筆談でも結構理解し合えると分かったが、それと同時に、同じ漢字でもまったく意味の異なることも知った。

工場内で働く若い工員の両親で、内省人（蒋介石が台湾を治める以前から住み着いていて、日本の統治下で日本の教育で受けていた人たち。蒋介石と共に台湾入りをした人たちは外省人と呼ばれて、特別の事情がない限り日本を話せる人はいない）であれば流暢な日本を話せる人も多く、牧村も時折その工員の家に招待された。そして、日本の統治下にあった時の思い出を懐かしそうに、牧村に語り続けた。

その頃の台湾での日本人はほとんどが仕事がらみで、日本からの観光客はいなかった。日本人を見かければ、当然日本のどこかの会社の駐在員か出張社員である。そのような駐在員を見ていると、彼らの台湾での生活はまるで天国であるかのように思えた。当然、マンション形式の社宅が与えられ、それに、賄婦（炊事婦）も用意されて、給与も日本と台湾で二重に支給されている。毎日の出勤と帰宅は専用のタクシーを使っている。台湾の給与額は日本での給与額よりも多く、台湾の物価は日本のそれよりも安いときているので、彼らの台湾での生活は、まことに豪華なものである。

その頃の台湾の最大の魔力は夜にあった。牧村も同様の魔力を受けていた。仕事が終わり、途中で食事をとってホテルの自分の部屋に着くや否や、ドアがノックされる。ドアを開けると、フロアボーイが立っており、「今晩お嬢さんいる、いらない？」と毎晩である。また、毎日フロアボーイが替わるので、その対応は大変である。反面断るのも簡単である。「昨晩取ったから今晩、不要」と言えば大体収まるが、そのうちフロアボーイ同士で情報交換するようになり、「牧村さん、それウソよ。昨日のフロアボーイは、牧村さん取ってないと言っていたよ。今晩、要不要？」と、執拗な売り込みになる。

話を聞くと、ホテル側はこれらのフロアボーイには給与を払ってなく、フロアボーイの収入はこの紹介料で成り立っている。ホテル側はフロアボーイとしての勤務を条件にその場所を提供し、その紹介には関与しないことはどこのホテルでも同様である。だから、フロアボーイは毎晩真剣である。断り続けると、1時間おきにお茶のサービスなどでノックしてくる。短期出張社員には、まことに魅力的な出張であり、毎晩「酒家」での宴会、ホテルに帰ればフロアボーイの勧誘を受ける。まさに男冥利に尽きるといっても過言ではない時代情勢だと、牧村は思った。

牧村の台湾での滞在期間は、台湾ビザで定められた最大の3カ月間で、その3カ月内で帰国する予定であったが、本社からもうしばらく滞在するようにとの連絡が入った。滞在を延長するには、一度台湾国外に出て再入国する必要がある。専務は毎月一度台湾と香港に出張しており、牧村の滞在期限が終える直前に、専務と一緒に香港へ出向くことになった。

（5）香港での1週間

台湾の高雄と違って、香港は天候不順な地である。香港に到着した日もかなりの雨で、薄ら寒い日であった。ホテルはインペリアルホテルの最上階の1室である。翌朝、汽笛の音、トラックの騒音などで目が覚める。時計を見るとまだ6時である。最上階の部屋の窓から下を覗き込むと、窓の向こうには香港島が見え、九龍側との狭い海峡に小さな貨物船がすでに行き通い、トラックが無意味と思われるクラクションを流しながら、何台も慌ただしく雨の中を他の車を避けるようにしてビルとビルの間の路地に消えていく。

このホテルはスターフェリー近くのネーザンロードに面した位置にあり、専務の定宿になっている。専務のお客のほとんどは香港島にあり、香港島に渡る交通手段はスターフェリーだけで、このホテルが一番近いことと料金も手頃であったことが定宿の決め手であった。台湾の高雄と違って、香港にはそれ以上の活気があった。専務に連れられてどこの工場へ行っても、細長い高層ビルの中にいろいろな会社の事務所と工場が共存して、想像以上の工員数が狭い工場内に詰めこまれたうえに、甲高い広東語が互いに罵り合っているように聞こえる作業風景は、牧村には異様に感じた。

訪れる工場では全てトランジスタ・ラジオを製作している。使用している電子部品は日本からの輸入で、完成品は米国と欧州に輸出されている。その頃は香港ドルも60円前後の時代であり、日本からの価格も、1銭単位の値段交渉である。一通りの工場訪問が夕方終えると、香港の輸入業者（電子部品を日本から輸入して、香港のラジオ組み立て工場へ販売する卸業者）からの接待を受ける。1銭でも安く日本から仕入れて、1銭でも高く売りつけることが彼らの商売で、彼らにとって信頼できる供給元を確実に確保する必要がある。

初めての香港である牧村を歓迎する意味で、その業者はいろいろと香港を案内し、豪華な夕食の後にキャバレーへともてなしてくれた。牧村にとって一番印象に残ったのは、九龍城の内部での食事と蛇を使った見世物小屋の見物であった。九龍城は無法地帯と呼ばれており、犯罪者の隠れ家で警察も関与できない地区になっていた。内部は狭い通路のうえ迷路になっており、その道路の両側には汚い住宅と汚い飲食店がぎっしりと詰め込んだように軒を並べている。飲食店には「香肉」と書かれた汚い看板があり、業者の説明によれば犬の肉料理を出している店で、ここの住民が利用していると聞かされた。

この九龍城に入る時に業者から1本の紐を渡されて、自分はこの端をズボンのバンドに括り付けてあるので、反対側の端は何があっても放すなと強く言われた。もしこの中で迷子になれば、状況次第では永遠に出られないかもしれないと思うと同時に、この中で毎日何人殺されているかだれも分からないほど危険な場所と忠告されての入城になった。

一見してそこの住民と分かる服装は、ボロボロか継ぎはぎだらけの黒っぽいもので、おそらく風呂に縁のないほど汚れた顔と手足である。それに老人もいれば、幼児もおり、狭い通路の道端に座り込み、行き交う人たちを上目使いで見詰めている。その光景を見ていると、ここで生まれてここで一生を終える人も多くいるのではないかと感じさせられるほど、何か定着した雰囲気を持つ一つの世界がこの九龍城の中にあると感じさせられた。

九龍城といっても通常の城ではなく、外部からその地区を見るといろいろな建物が次から次に無造作に増築されて一見城のように見えるだけで、内部はドヤ街である。1時間ほど内部を見物してから、今度は高級住宅街へドライブした。小さな香港島の広々とした敷地内に贅沢な家が建ち並んでいる。天国と地獄を同時に垣間見た見物で、これが香港と実感させられた。

香港での1週間の滞在期間は、これから貿易営業マンとして出発する牧村にとって、真の第一歩を踏み出す貴重な体験になった。毎日、専務と一緒に取引先の工場を回り、注文獲得のための価格と納期交渉をする専務の姿を見ることによって、ただ単に価格や納期の話し合いでなく、その場その場に漂う相手側の雰囲気に合わせての口調、それに部品サプライヤーとしての商品知識、内外の業界情報などといった幅広い知識を有することで、相手側に信頼感を与えて、時には価格以上の効果をもたらすことも十分に知らされた。

（6）高雄での淡い思い出と帰国

香港から台湾への再入国後、日本の本社から5月15日に帰国するようにと連絡が入った。ちょうど1カ月の滞在期間になる。

これまでは毎日の仕事に追われてホテルと加工区を往復するだけであったが、毎日仕事を一緒にしていた丘小姐とは気軽に会話のできる親しい間柄になっていた。牧村の誕生日には彼女が友達と一緒にホテルまでケーキを届けてくれたり、夜の公園を散歩したり、時には日本映画を観にいったりして、お互いに淡い恋心のようなものが生じ始めていた。5月15日の帰国を告げると、今までしゃべっていた彼女は一瞬言葉を失ったように黙り込み、何か言葉を捜すようにちょっと頭を下げ、数秒して頭を持ち上げると、「そう……、後1カ月……、じゃ、何か思い出をつくろうよ。今度の日曜日に台南に行かない?」と、来るべきものが来たと覚悟を決めたかのように、ちょっと笑みを浮かべて言った。

高雄に来て4カ月、振り返ってみれば、ホテルと工場の往復で特別な思い出は何もなかった。ただ、牧村の心の中には、彼女の存在が徐々に重くのしかかっていた。確かに彼女との思い出はあったが、それらはあくまでも異国人に対する興味と言葉の異なる異国での焦燥感を和らげる心遣いと思っていた。そのような彼女を大切にしたいと思い、また清い関係を持ち続けたいと牧村は心に決めていた。

ある日曜日の午後、彼女が牧村のホテルに来て牧村のルームを見たいと言った。小さなホテルでエレベーターはフロントの目の前にあるため、牧村は彼女と一緒にエレベーターに乗り込むのをためらった。正直言って、ホテルの関係者に牧村が台湾女性を昼間から連れ込んでいると思わせたくなかったが、彼女は意を決したかのように自分から先に乗り込み、牧村に早く来るように手招きしている。牧村のルームは3階で、エレベーターのドアの横にフロアボーイのカウンターが置かれて、24時間入れ替わりでフロアボーイが常駐している。昼間はほとんど寝ているように見え、エレベーターが止まり人が出てくると、目覚まし時計で起こされたかのように飛び起きてお茶を運びチップを期待しているのである。

3階でエレベーターが止まり牧村と彼女がエレベーターから出るや否や、それまで寝ていたと思われるフロアボーイが飛び起き、牧村と彼女を見てニヤニヤ笑っている。牧村は、それは誤解だと思わせるために、退室するまでドアを開けっ放しにしておいた。たとえフロアボーイがいなくても牧村はドアを開けっ放しにするつもりであったし、それが彼女に対する清い思いでもあった。

5月15日の帰国を告げてから、台南を皮切りに毎週末は名所巡りに出かけた。平日の終業後は、彼女と食事をしたり、散歩をしたりして、それは当初の異国人に対する心遣いの域を超えた恋人同士の雰囲気になってきたが、それでも牧村はプラトニックラブで終わらせる決意でいた。台湾の最後の1カ月は、一生心に残る楽しい、切ない思い出になった。台南その他の名所の思い出は人に話せても、彼女との淡い恋心は一生牧村の心に留めるしかなかった。

帰国の前日には朱社長のはからいでお別れパーティが用意され、工場長はじめ牧村の仕事に関連のあった全職員と工員が参加した。無論、彼女も含まれていた。パーティが終わりホテルに帰ると、1通の手紙がフロントに届けられていた。彼女からの手紙で、英語で書かれていた。それはまさにラブレターで、彼女の住所と電話番号が一際大きく書かれており、これからの文通を願うものであった。

(7) 帰国と淡い恋との決別

5月15日の朝早く高雄空港を発ち、台北の松山空港で同日のノースウエスト航空便での半年振りの帰国になった。牧村が帰国してから1カ月ほどして、台湾の朱社長が来日した。来日直後に牧村は、朱社長から今晩ぜひ話したいことがあるので、ホテルに来てほしいとの依頼を受けた。

帰国後、丘小姐とはすでに数回の手紙の交換があり、朱社長からの申し出の趣旨については牧村も十分察していた。朱社長の東京での定宿は事務所から徒歩で数分のところで、英国大使館の真後ろの道路を挟んだ対面に位置していた。約束の時間より少し遅れて、そのホテルの物静かなバーで軽食をとりながらの話し合いになった。運ばれたビールを互いに注ぎながら、朱社長は意を決したように穏やかに語り始めた。

「牧村さん、丘さんからお願いされて来ました。彼女はいまだに牧村さんのことを思い続けております。私が出張で日本に行くと社員に伝えた時、彼女から相談を受けました。もし、牧村さんにその気持ちがあるようであれば、私は全面的にフォローアップしますので……」

朱社長の言葉を聞きながら、牧村の心中は結論を見出せない複雑な思いになっていた。

「朱さん、台湾滞在中は公私共に、彼女には本当にお世話になりました。正直言って複雑な気持ちで、切なさが残っております。ただ、自分としてはまだ結婚は考えておりません。たとえ丘さんが日本女性で、日本に在住していてもです。自分はこの会社に入る時にも話しておりますが、将来独立したいと思っており、その目処がつくまでは結婚は難しいと思っております」

牧村は彼女の顔を思い出しながら、切なく話した。牧村の心の中では、結婚してもいいと思っていた。そして、もしあと半年台湾にいたら、間違いなくそのような関係になっていたのではないかと、帰国後も思い続けていた。その矢先の朱社長からの話で、肯定するにも否定するにも、牧村は心の中で葛藤していた。引き続き牧村は、

「本当に丘さんは素晴らしい女性です。滞在中もそのことを考えました。自分が一生台湾に居住するとなれば、間違いなく彼女を選ぶと思います。しかし、いつ帰国命令が来るか分からないあの状態では、そこまでの決心はつきがたいです。ですから、自分は彼女に指一つ触れておりません。間違いを起こすような状況になれば、彼女を不幸にするだけだと思い、手も握っておりません。それだけ彼女を大切にしたかったのです。本当に、あと半年そのまま高雄に滞在するようなことになれば、どうなっているか自分でも分かりませんが……」

と、正直な気持ちを朱社長に伝えた。

「牧村さん、彼女に対する牧村さんの気持ちはよく分かりました。牧村さんがそのように彼女のことを考

えられていたのを彼女が知れば、喜ぶのと同時に、一層切なく思うでしょう。この話は少し早すぎたようですな……、結論を出すには。ところで、牧村さんいつ頃独立する予定ですか？」

「いつ頃と言われても、まだ修行中の身で、具体的な計画はありませんが、やはり30歳を越えないと、と思っております」

「牧村さんはまだ24、5前後と思いますが、それまでにはまだ随分ありますな……」

何かを思い浮かべながら、独り言のように朱社長はつぶやいた。牧村も今回の朱社長との話し合いは、帰国してからまだ1カ月少々で早すぎると思っていた。この段階で、イエスかノーかの結論を求められても、いずれの回答もしたくないのが正直な気持ちであった。しかし彼女の立場を考えると、今結論を出さなければならない。やはり曖昧な言葉よりノーの回答が最善と思われ、後はお互いに時間が解決してくれると期待するしかない心境にあった。

「帰国後、彼女とヘタな英語で文通しております。自分の英語ですのでどこまで通じるか分かりませんが、彼女の気持ちをできる限り傷つけないように、自分の正直な気持ちと思いを伝えようと思っております」

との牧村の言葉に、朱社長も牧村の今の心境を理解し、終止符の言葉に切り替えた。

「分かりました。牧村さんの気持ちを十分に彼女に伝えます。牧村さんも手紙を出してください。私は今週末に台湾に帰りますので、手紙が間に合えば、私から彼女へ渡してもいいですよ」

それから1時間ほど、台湾工場の是正点の率直な意見も求められ、牧村も報告できなかった何点かを率直に話し、再度、半年近くの高雄滞在のお礼を述べてホテルを出た。彼女との淡い恋もこれで完全に終焉を迎えたと心に刻み込んで、内ポケットに収めた手帳から小さい写真を取り出し、丘小姐の顔を薄暗い明かりの中でもう1度頭に刻み込むように見続けて、写真を裏返しにした。そこには、彼女の字で「永遠懐念」と書かれていた。

牧村は仕事の合間を利用しながら、長い1通の手紙を書き上げ朱社長に託した。牧村は手紙の中で、切実に彼女への思いを書き綴り、どうしてもまだ結婚できないこれからの自分を考えた時、一線を越えられなかった自分の心境を述べた。いずれ近いうちに帰国する者が一時の出来心で、幸せになってほしい彼女の清い心にプラトニックラブ以上の思いを残したくなかったことを率直に記した。自分が一番願うことは、台湾での約半年の素晴らしき思いを一生の思い出にして、彼女には1日も早く新しい気持ちに切り替えて歩んでほしいといった内容で締めくくった。

朱社長に手紙を託してからの牧村は、彼女との思いを一刻も忘れ去らせるかのように、船積統括部門の長として、それに台湾と韓国の営業に多忙な日々を送り続けた。

第7章　自立に導く偶然（昭和45年～47年）

（1）大阪万博での奇遇

台湾から帰国した頃は、すでに大阪万博（昭和45年3月15日から9月13日の半年間）が開催されており、夏休みを利用して台湾の宋工場長の来日の連絡が入った。仕事の打ち合わせではなく日本への観光旅行的なものなので、大阪万博を案内することにした。京都の嵐山にある日本式旅館をあえて選び、2泊3日の旅行日程を立てた。

宋工場長が予定通り来日した翌日、夕方遅くの新幹線で京都に到着したが、牧村はまったく京都の地理には縁がなく、嵐山へはタクシーを利用することを考えていた。とにかく、食事をとることになり、駅近くの大きなビルに入った。

食堂を探して歩き回っているとゲームセンターがあり、それらのゲーム機を見た宋工場長は非常な興味を示し、その場を離れなくなった。牧村も仕方なくゲーム機を数台見回していると、こんなところにいるはずのない男性の後ろ姿が目に入った。まさかと思い、そのゲーム機の前方に回り込み、その男性の顔をしげしげと確認した。間違いなくあの男だ。大学時代の友人で仲間から常にこけにされていた和田に違いないと直感した。

数カ月前に和田から結婚案内状が郵送されてきたが、場所が愛媛県の松山であったために、仕事を理由にして電報だけですませてもらった。ところが、新婚旅行の途中とも感じられない。こんなところで、こんな時間にゲームに興じていることが信じられなかった。間違いなく和田と確信したが、人違いも考えられるので、その男の背後から名前だけを呼ぶことにした。もし、振り向けば間違いなく和田だと……、

「和田君」

その男の背後から声をかけたが、何の反応もない。人違いかと思い、もう一度声をかけた途端、その男は振り向いた。間違いなく和田だ。今度は自信を持って、

「和田、どうしたの？　こんなところで？」

「おー。牧村じゃないか。お前こそ、なんでここに？」

「明日、台湾のお客を連れて、万博に行く。今晩は嵐山で1泊だ」

と答えて、引き続き「結婚式に行けなくて申し訳なかったが、お前ここで何しているんだ。こっちに引越ししたのか？」と問いかけると、

「ちょっと、事情があって、ここでタクシー運転手をしている」

「それで、奥さんは？」

「牧村、食事したのか？　まだだったら、一緒にしようか？」

と、何か意味ありげに誘ってきた。

「ちょうどよかった。じゃあ、どこか案内してくれるか。食堂を探そうとこのビルに入ったが、まったく分からない。何せ、京都は中学の修学旅行以来だから」

と言って、宋工場長にこの奇遇を説明して、一緒に食事をすることを告げた。

和田の説明によると、案内状の結婚式当日、両家および祝福者全員が集まったにもかかわらず、肝心の花嫁が姿を現さなくて結局流れてしまったとのことだった。このことが小さな町の話題になり、逃げるようにして京都まで来て、今はタクシー運転手で生計を立てていると話した。このような話を聞かされては卒業後の話も進まず、とりあえず嵐山の旅館まで送ってもらい、明日の朝は万博会場まで和田のタクシーを使うことにした。

この偶然な和田との出会いが、そして、その後の和田の奇妙な行動が、他の場所で動いていた事柄との橋渡しとなる。京都で偶然に和田と再会したことが牧村の行く末に影響を与えることを考えると、それこそ「偶然」が導いた運命だと振り返ることになった。

牧村は学生時代の最後のアパートから移ることなく、ずっと同じアパートに住んでいた。そのアパートは、街の中の小高い丘の上にあり、アパートの裏側は断崖絶壁で、それも中腹が少し内部に食い込み、いつ崩れ落ちても不思議でない場所にあった。

万博から1カ月ほどして、いつも通りの出勤時にアパートの前の坂道を下りきった時、路肩に駐車していた黄色い360ccの軽自動車が目に入った。中には人がいるようで、ドアのガラス越しに中を覗くと、驚くことに京都で会った和田である。和田は寝ているようなので、牧村がドアのウインドウを叩くと、和田はうっすらと目を開けて寝ぼけ眼で口をパクパクさせている。ガラス越しでまったく聞こえない。牧村がウインドウを下げるように手招きし、やっと和田が何を言っているか分かった。

和田はあれからタクシー運転手を辞めて仕事を探してみたが見つからず、京都で牧村と会ったのも何かの縁なので、横浜で仕事を見つけようとまる1晩東名高速をこの軽自動車を運転してきたと言う。今度は板前の仕事がしたいとタオルに包まれた包丁を見せながら、仕事が見つかるまで牧村のアパートに泊めてくれとの頼みであった。牧村は、相変わらずのこの男に愕然とした。出勤時間を考えるともうこれ以上の長話はできない。今晩一晩だけはやむを得ないと考え、それまで適当に時間を潰すように頼んで夜の9時頃アパートに来るように伝えた。

(2) 和田がもたらした1本の電話と再会

その晩、牧村は早めに帰宅して和田を待っていたが、9時を過ぎても何の音沙汰もなかった。寝泊りするところがないはずだから、そのうちに来るか、何か連絡があるだろうと思っていた時、電話が鳴った。和田からと思い「和田か？　今どこにいるんだ？」と、相手を確かめず一方的に話し出した。すると、

「イヤ、おれ佐藤だ。覚えている？」

名乗りを上げて問いかけてくるが、牧村にはピンとこない。一瞬無言になっていると、佐藤と名乗る男は話し続けた。

「今日、和田が突然来たんだ」

と聞かされた途端、大学時代の佐藤の顔が頭に浮かんだ。

「あー、佐藤か。久しぶりだねー。和田がそっちへ行ったんだな。何か分かるような気がする。板前の修

業をしたいと今朝言っていたけど……」

「和田の件はこっちで何とかするから……。実は、牧村の電話番号を探していたんだ。そこへちょうど和田が来て、お前の電話番号がやっと分かった次第だ。それと、前のアパートにまだいるんだってね」

「電話番号を探していたって、何かあったのか?」

「ちょっとあるんだけど。牧村、お前確か貿易会社に入社したんだよな。まだ、貿易やっているの?」

和田のことはそっちのけで、佐藤はまったく関係のないことばかり話している。

「会社は1回変わっているが、貿易は続けている。今は、電子分品の輸出貿易会社にいるけど、何があったの?」

「電話ではちょっと話が長くなるんで、近いうちに一度そっちへ行くわ。今度の土曜日の夜は何か予定ある?」

「別にないけど気になるなあ……。一体、何なの?」

「今度会った時に、ゆっくり話すので、それまで待っていて。和田のことは、こっちで全部するから心配しないでいいよ。何日かぶらぶらさせて、田舎へでも帰すから。じゃ、今度の土曜の晩、8時頃頼むよ」

と、言って電話が切れた。

約束通り、佐藤は土曜日の晩8時きっかりに、ウィスキーとつまみを持って牧村のアパートに来た。和田はあれから数日ブラブラし、佐藤の説得で田舎へ帰らせたが、本当に田舎へ帰ったかは分からないと言った。

佐藤の本題は、高校時代の1年先輩が今アメリカにいて、もう1年ほどになる。予定では来年帰国するが、帰国した後貿易の会社を作って貿易の仕事を始めたいので、参加してくれる貿易の経験のある人を紹介してほしいという依頼の手紙が1カ月ほど前に来たそうだ。それで、牧村に一度連絡を取りたかった、と言った。

その先輩の名前は小野寺と言い、昨年単身で何の目的もなく米国に渡り、彼の友人が日本の計量器メーカーに勤めている関係で、その秤をアメリカで売ろうとしているらしいことくらいしか、佐藤にも分かってなかった。牧村は、自分もいずれは貿易で独立したい旨を話した。小野寺が帰国するまでに1年あり、それまで自分自身の構想を考えて、帰国後会った時に十分話し合いたい旨を伝えてもらうようにした。

それからの牧村はこれからの目標ができたかのように、特に英語を使用する香港関係の仕事に重点を置くようになった。それまで日本語の手紙でOKであった台湾や韓国のものまで、とにかく英語で手紙を書くように心がけた。台湾の出張はそれ以後まったくなく、韓国が中心になった。牧村はできればもう一度台湾に行き丘小姐に会いたかったが、専務の領域なのでそのチャンスは回ってこなかった。

（3）自立への道

翌年（昭和46年）の春先に、女性社員から「牧村さん、小野寺さんという方から電話です」と電話が回されてきた。

「牧村ですが……」と電話に出ると、「小野寺です。昨年私の後輩の佐藤からうかがっておられるかと思いますが、その小野寺です。先週末帰国していろいろと準備をしておりまして、よろしければ一度お会いしたいのですが……」と、丁寧な口調で話している。

「お待ちしておりました。もし、ご都合がよければ、今晩でも僕はかまいません」

小野寺はその返事を待っていたかのように、有楽町のある喫茶店の名前と、時間を指定してきた。

「分かりました。その時間までにそこへ行きますので、くわしくはそこで」と、電話を切った。

その喫茶店は有楽町から大手町へ向かうオフィス街に面したビルの2階にあり、中に入ると、物静かな雰囲気の中に、大き目の豪華そうな椅子とテーブルが置かれ、しかも各テーブルがパーテーションで仕切られていて、会議室のように見える。小野寺と牧村は電話だけでまだ互いの顔を知らない。

ウェイトレスらしき中年の女性が牧村に近づき「牧村様でいらっしゃいますか？」と問い掛けられ、「そうです」と答えると、その中年女性は「小野寺様がお待ちです。ご案内いたします」と言って、小野寺のテーブルに案内された。一番奥のパーテーションの前まで来ると、その中年女性は多少歩調を速め、背を向けて座っている男性の前に回り込み牧村の到着を告げた。その男性は立ち上がると、牧村を対面の椅子に座るように手招きした。１８０センチを越える大男で、精悍な顔の持ち主である。

小野寺がまず自己紹介してから、一緒にいたアメリカ人の男性を紹介した。名前はブライアンで、これから仕事のパートナーの一人になると牧村に告げた。横浜の米軍基地に勤めていたが、今は退職してフリーの状態であり、奥さんは日本人で米国系エアラインのスチュワーデスを退職して、現在は外国人相手の小売店に勤めていると紹介された。

小野寺は米国で2年間過ごし、米国で知り合った友人から日本にいるブライアンを紹介された。米国では小さな計量器を販売する小売店に身を置いていたが、東京の友人が日本の計量器メーカーに勤めていたので、その会社の米国支社的な形で販売や資料集めをしていたとのことであった。これからはその計量器メーカーの秤の輸出を皮切りに貿易会社を発足させ、それから扱う商品を増やしていきたいという計画である。小野寺もブライアンも貿易業務にまったく携わったことがないので、牧村にもぜひ賛同して参加してほしいとの依頼であった。

そのため牧村は、小野寺との新会社における自分の立場と役割を説明することにした。高校卒業後の鉄工所、大学卒業後のユニバーサル、そして現在の東洋電子での、特に経営陣の人間関係のあり方を参考にして、自分なりの考えを聞いてもらった。ユニバーサルは同じ会社の同僚であった二人が意気投合して立ち上げたほどだから、二人の絆の強さは計り知れないものがあったに違いない。そして実際に会社を立ち上げ軌道に乗せるまでは以前の同僚時代よろしく、毎晩のように目標やそれぞれの計画、運営方法とかを語り、未来の会社の姿を思い描く理想的な共同経営者としての人間関係にあったと想像できる。ところが、会社がある程度軌道に乗り始め、さらなる躍進という野望が出てくると、どうしてもそこに現れるのは資金調達の必要性である。牧村は、この段階あたりから共同経営の難しさが徐々に出始めるのではないかと思った。

また、社長と佐々木は共同経営者であって同一製品を売る営業マンでもあった。当然、歳月と共にそれぞれの販売額に優劣が出てくる。時には、何らかの原因で一方の取引で損失が生じて、会社全体のキャッシュフローに影響を与えることもある。資金不足が生じた時は調達方法に悩まなければならない。これが共同経営における最大の難点と、牧村は感じた。仮に社長が損失を出し、佐々木がそれをカバーするために資金調達をした場合、共同経営という対等のバランスが崩れて佐々木の発言力が増していくと想像できる。逆の状況を考えれば当然逆の現象が生じ、いずれにせよ二人の間の溝が深くなることになる。このようなことが重なって、ユニバーサルでは社長と佐々木の間に亀裂が徐々に生じ、牧村が入社した時に感じたあの奇妙な社内の人脈光景になったのではないかと思った。

では、東洋電子はどうだろうか？　牧村が感じる限りにおいて、東洋電子も社長と専務の共同経営であり、二人の間には確かに船積時の船の選定でお互いの職務としての口論はあるが、ユニバーサルのような致命的な人間関係とは異なる。それは社長の業務は財務で、専務が営業と完全に分離された二人三脚での共同経営であるからである。社長と専務が異なった業務に携わっているので、社員もそれぞれの業務指示に対して迷うことなく従うことができるから、表面上は会社全体がスムーズに運ばれている。納品業者も営業関係は専務、支払い関係は社長、船積関係は牧村といったシステムに満足しているようである（これはあくまでも東洋電子の表面的な顔で、社長と専務それぞれの心中は、社員の牧村でも計り知れないところがある）。

小野寺との新会社を想定した場合、どちらかといえばユニバーサル方式の形態になるような話であった。小野寺がどのような形で営業に携わるかが問題で、心配でもある。牧村はとりあえずこれまでの貿易業務に関する経歴を紹介すると共に、ユニバーサルで学んだ共同経営の難しさを話し、参考例として今勤めている東洋電子の社長と専務の業務の分担を話した。

牧村は自分の業務として、これまでの専業であった輸出を引き続きしたいことと、多少の株を有することはできるが、資金的にはそれ以上のことはできない旨を告げて、小野寺の新会社での業務を尋ねた。小野寺は、自分も十分な資金を有してはないが、財務を自分に課せられた業務にし、輸出に関しては牧村に任せてフォローできるところはフォローしたい、と答えた。具体的には、輸出商品のメーカーとの折衝を小野寺の業務にし、その情報をベースにして牧村が海外の輸入業者へ売り込みの折衝をする。一つの取引を小野寺と牧村で一本化させる方法を取りたい旨を話した。ブライアンにも同様の形で米国市場を担当させたいし、受注後の船積はぜひ牧村で処理してほしい、そして将来、輸入国内販売のチャンスがあればそれも計画したいということであった。

小野寺の業務分担計画を聞いて、この方法ならば常に全ての取引に互いが関与することになるので、ユニバーサルで生じた致命的な危惧は回避できるし、同一目的に互いに関与し合うことで人間関係の結束も強まるから東洋電子方式よりも勝ると、牧村は感じた。

そこで牧村は、その場で結論を出すには時期尚早であることを告げ、これからもっと具体的な計画を話し合いたいと申し出た。そして、小野寺の申し出は佐藤が紹介してくれた1年前から牧村も期待していたので、ぜひ前向きに話し合っていきたい旨を強調した。小野寺も賛成してくれて、少なくとも週1回のミーティングを持ちたいという意向であった。

（4）二足のわらじ

小野寺との会合は頻繁に行われた。日中は牧村には本来の仕事があるため主に土曜と日曜に、平日ならば牧村の帰宅後のアパートに小野寺が出向くといったように行われた。

現在小野寺が一時的に席を置いている友人の計量器メーカーは、日本商工会議所の海外向けの会社紹介名簿録に載っているため、海外から秤の引き合いが多く来ている。ところがその会社はそのような海外からの引き合いに興味がなく、開封されることなく捨てられているので、それらの引き合いを皮切りに進めることにした。

海外との取り引きにまったく興味を持たないこの計量器メーカーは、なぜか英文のレターヘッドとエアメール用の封筒だけは相当以前から用意していてまったく使ってなかった。小野寺の提案で、我々の会社が完全に発足するまではこの計量器メーカーの輸出部として動き、切手代、輸出業務に係わる費用はそのメーカーに負担してもらう。そして、受注すれば取り決めた利益分を販売手数料としてもらう方式で進めることにした。

この業務を進めるため、牧村は自分が会社で使用しているタイプライターと同種のモデルを自腹で購入することに決め、アパートに1台用意した。米国製のため結構高価で、給与の半分以上の支出になった。タイプライターが用意されると、小野寺は毎晩のようにそのメーカーに配達された海外からの引き合いレターを持って、牧村のアパートを訪れた。簡単な返事はその場で作成し、翌日小野寺が投函するといった手順で進められた。

数週間もすると牧村が返信した海外のお客からの具体的な返事が舞い込むようになり、小野寺も牧村も、新会社設立の構想が徐々に具体化し始めてきた。そして、カナダの商社との数回の往復文書で、小額ではあるが待望の初注文が入った。一番喜んだのは小野寺であった。注文内容は、このメーカーが相当以前に大手商社から間接的に出荷した秤の修理用部品の注文で、国際郵便局からの航空小包で出荷できるものであったが、牧村が今取り扱っている電子部品と異なり高価なものであった。お盆休みの1週間は、小野寺の実家で仕事を計画し、これまで放置されていた海外からの古い引き合いも含めてペンディングになっていたものを全部整理して返事する計画を組んだ。

ここまで来ると、牧村の仕事は昼夜通してなので、相当厳しい状況になっていた。平日の睡眠時間は平均6時間ほどで、小野寺も牧村の体調を相当心配していた。この段階になっても、牧村と小野寺の間で新会社設立の最終確認が取れてなかった。小野寺は当初からその計画で牧村に接近しており、牧村の1日も早い最終確認を取りたがっていた。牧村は心の中ではすでに決まっていたが、今の会社の状況と現在取り引きしている電子部品のお客との関係を考えると、その決心を口にすることに常に戸惑いが先行した。牧村の曖昧な返事の繰り返しに、小野寺も相当苛立っていたようだ。しかし、牧村のこの仕事への熱の入れようを見て、もう少し期間を与える必要があると、小野寺は感じていた。牧村も、一刻も早く心の整理をして、小野寺に自分の完全な決意を伝え、小野寺に安心を与えたかった。

牧村は1週間のお盆休み最後の日に、最初に会った時に話し合った自分の業務と資金、それに小野寺が言った業務分担方式について再確認をし、それから東洋電子を退職するまでの手順を話し了解を求めた。そして、

「退職に伴う取り引きの継続には、海外のお客との調整がこれから必要になり、それには相当時間を要します。これは、私が海外出張に行った時に、口で直接その意向を伝える方法しかありません。私が勤めている会社の現況から判断して、年内の退社願いは厳しく、できれば来年初頭まで待ってもらいたい。しかし、退社願いを出してから完全に退社できるまでに数カ月は要する。これらの希望を受け入れてもらえるようであれば、ここで新会社の設立に完全同意し、その手続きを取りましょう」

と話した。もし、新会社の設立後、牧村の現在の会社で取り扱わない引き合いなどがあれば、新会社での取り扱いが可能になることも付け加えた。

小野寺は全面的に牧村の希望を受け入れ、新会社設立の準備に取り掛かった。資本金は50万円、会社名

は日本語で「横浜通商株式会社」、英語名で「Yokohama Overseas Inc.」で登録し、それと同時に、これまでの計量器メーカーのレターヘッドを全部新会社名のレターヘッドに切り替えて、これまで交信のあった全ての顧客にその旨の案内状を出した。

(5) 韓国での資金稼ぎ

10月に入り、牧村に再度韓国への出張のチャンスが来た。韓国には、イヤホンとジャック・プラグの組み立て部品を出荷しており、今後の出荷数などの打ち合わせの仕事であった。小さな工場で、工員のほとんどが小学生とか中学生のアルバイト的な子どもたちをシフト式に使っていた。

社長の苗字は「千」と書き、「センさん」と牧村は呼んでいた。牧村より相当の年配で、日本語が流暢であった。千は決まって2カ月に1回香港にイヤホンとジャック・プラグの注文取りに出張し、その帰途日本に立ち寄り、香港での受注分に相当する部品の発注と納期確認をして韓国に帰っていた。

千はソウルの金浦《キンポ》国際空港で牧村の到着を待っていた。今回の訪韓を告げると、千よりいろいろな品物のハンドキャリーの要求が入った。これまでの訪韓で牧村が経験したことは、韓国の入国物品検査は台湾以上に厳しく、特に電子部品などの部品がアタッシュケースやスーツケースの中で見つかるとさらに執拗に訊問されるので、できる限り見本以外の品物のハンドキャリーを控えるようにしていた。それを理由に断ると、千は税関に知り合いがいるので、フリーパスで入国審査ができるようにするから心配するなと言ってきた。

牧村が入国手続きの列に入ると、英語でのアナウンスが流れてきて、牧村に至急インフォメーションセンターに来るように言っている。列から離れてそこへ行くと、空港制服を着た女性係員がいて牧村を別の部屋に案内し、パスポートの提示を求めてきた。パスポートを提示すると、いとも簡単に入国印を押し、パスポートを牧村に返すと別の場所へ連れていかれた。そこには、すでに牧村のスーツケースが置かれてある。係員に特別出口へ案内されると、千が笑みを浮かべながら待っていた。

ホテルにチェックインすると、千氏は開口一番、新しい引き合いがあるので、ぜひ相談に乗ってほしいと言ってきた。牧村は、それまでたびたびそのような依頼を受けたことがあるが、会社の方はまったく興味を示さなかったので断っていた。

それは、トランジスタの規格外品の取り引きである。トランジスタ工場で、各製造ラインでランダム検査をして、規定以上の不良率が出ると、そのライン上のトランジスタ全部（良品も含めて）が規格外品として廃棄処分されるが、何らかの事情で処分されず外部に格安なコストで流出するケースがある。千は、今回そのトランジスタ１００万個の引き合いを持っているので、ぜひ一緒にやらないかとの誘いであった。その供給元も判明しており、その価格交渉と船積みだけが日本側の仕事だと言った。そして千は、ＦＯＢ建値（荷を船に乗せるまでの全部の費用を含めた建値）で1個1円50銭で買えるので、あなたの儲けはあなたの価格交渉次第と付け加えた。

しかし、この話を会社に持ち帰っても、過去の経験からしても、間違いなく受け入れられないと判断した。それで、新会社の「Yokohama Overseas Inc.」の初仕事にすることに決めて、千に小野寺との新会社の設立を話し、この新会社であれば取り扱いは可能であるから、それでＯＫならば引き受けられることを話した。千も快く了解し、牧村は千に対してこの件については、東洋電子への連絡は絶対にご法度で、必ず小野寺に連絡するよう約束させた。場合によっては、小野寺を訪韓させることも可能であるとも告げた。

牧村は帰国後、小野寺に今回の規格外品トランジスタの引き合いの説明をして、供給元の電話番号と担当者名を知らせ、連絡するように頼んだ。牧村はこの供給元の担当者と面識があり、話は早かった。牧村の会社では扱えない理由を説明し、その代わり「Yokohama Overseas Inc.」の小野寺を紹介する旨の了解を取っておいた。担当者との話し合いで、先方の希望出荷価格（工場渡しで）で1個70銭前後であることが分かり、小野寺に1個50銭の交渉を頼んだ。

小野寺は早速供給元に飛び、担当者との執拗な交渉の結果、牧村の希望通り1個50銭での契約が決まった。小野寺から千への日に電話を入れて注文が確定した。これで、１００万円（この額は牧村の年収の約1・2倍になる）の粗利益を出すことができ、発足以来資金面で苦労していた小野寺は、水を得た魚のようにその資金をベースにして営業範囲の拡大に着手した。

（6）東洋電子を去る決意

年明け早々、その日の退社時に牧村は社長と専務を前にして、退職願を提出した。退職の理由は、牧村の父は長年九谷焼の販売に従事しているが、高齢になりその仕事の一部をこちらで引き継ぐと共に、それを機に独立したいということにした。このことは、入社時に30歳過ぎたら独立を考えていることを了解してもらっているので、ぜひ承諾してほしいと嘆願した。

社長と専務は、昨年の夏ごろより牧村の動きに多少疑問を持っていた。小野寺と名乗る男からの電話が頻繁にかかるようになったが、会社の仕事に支障をきたすようなことがなかったので特に注意はしなかったが、何かがあるとは感じていた。また、社長も専務もこれまでの牧村を見て、牧村の気性を知っていた。彼がいったん口にすると、それが最後であることを。

社長は「話は聞いた。しかし急な話なので、専務ともよく相談して明日また話し合おう」と、牧村に伝えた。牧村が退室すると、社長と専務は牧村が抜けた後の人事関係を考えたが、今のところ、牧村の仕事をカバーできる社員はいない。相当の支障が出ることは確実である。そして、二人は牧村の退社条件を検討し始めた。

翌朝、社長も専務もいつもより早く出社し、牧村との話し合いに入った。社長は、牧村の退社を受ける三つの希望条件を牧村に告げた。

1. 牧村の仕事の引き継ぎをする社員育成のために、最低5カ月は在籍して、その育成に努めてほしい。
2. 向こう3年間は、香港、台湾、韓国の電子部品の輸出は控えてほしい。
3. 退職後3カ月を限度にして、引き継ぎに何か問題が生じた時は対処してほしい。

牧村は、1と3の条件は当然と思っていた。しかし、第2の条件の3年間は長すぎると感じたが、これを強調すると退社理由に疑問を残すことになり、どのように交渉するか迷った。ただ、社長と専務がこの条件提示で牧村の退社願いを受理したと確認することはできた。

牧村はその場での即答を避けて、翌朝までの保留を願った。その晩、小野寺にアパートまで来てもらい、提示された三つの条件を話した。小野寺も牧村の退社願いが受理されたことに安堵感を抱き、円満に退社するにはここで三つの条件、特に2の条件も受ける以外に方法はないだろうとの結論に達し、牧村は翌朝、社長に全条件を受けいれることを告げた。その日に、社長から全社員に牧村の5月いっぱいでの退社が知らされると同時に、牧村の後任もその場で決められた。後任は、昨年入社した牧村より3歳年下の木村だった。牧村も木村の後任が適切であると思っていた。

第8章　横浜通商（昭和47年6月～58年2月）

（1）1ドル360円時代の崩壊

昭和47年5月いっぱいで円満に退社した牧村は、6月1日から新会社の横浜通商の輸出担当役員の席に着いたが、東洋電子の退社条件からまったくゼロでの出発になったと同時に、戦後から長年設定されてきた1ドル360円の為替レートが崩壊した波乱に満ちた幕開けになった。

横浜通商発足の半年前の昭和46年12月18日に、米国のワシントンにあるスミソニアン博物館で先進10カ国蔵相会議が行われ、ドルの切り下げと為替変動幅の拡大が決定され、それまでの1ドル360円の世界から一挙に308円に円が切り上げられ、変動幅も±1％から±2・25％に変更された。

この昭和46年12月から47年（牧村が前の会社――東洋電子を退社する最後の年）は、利幅の小さい電子部品の輸出では、16・88％の円の切り上げは天地がひっくり返るほどの騒ぎになった。それからの2年間は308円の固定相場（±2・25％の変動幅）で維持される予定であったが、昭和48年の第一次オイルショックでこのスミソニアン体制も崩れ、本格的な変動相場制に移行した。

電子部品の輸出が解禁になるまでの3年間は、牧村のこれまでの貿易人生で一番収穫の多かった期間だった。牧村が最初に行った仕事は、海外から引き合いのあったバイヤーズリストを作成するための日本貿易振興会通いであった。引き合い内容に記された商品をリストアップすると共に、そのバイヤーの会社名と住所を全部ノートに記入し、それらのバイヤーへタイプされた20通、30通のサーキュラーレターを夕方郵便局へ投函する。最初に投函したレターの返事が来るまで、それが毎日の仕事として続けられた。

日本商工会議所は日本のメーカーを海外に紹介するため、業界別にメーカー名簿録を英文で製作して各国の商工会議所や日本貿易振興会の海外支社に配布していた。商工会議所の会員になったメーカーは大体その名簿録に英文で登録されていた。そのため、まったく輸出などに興味のないメーカーにも、ある日突然海外からの引き合いの手紙が配達されることがあり、大体の場合は開封もされずにごみ箱に捨てられていた。

これほど確実な可能性のある引き合いは他にないのでその有無を確かめ、そのメーカーにとってまったく無用なものであれば、ぜひ転送してもらうように依頼していた。そのメーカーの製品が先方の要望したものでなければ、それをベースにして他社製品を探し出しその商品を紹介することで新たなビジネスチャンスを得る可能性があると考えていた。そして牧村は、新規メーカーとの打ち合わせがある時は必ず、そのメーカーに直接海外から商品問い合せがあるか否かを尋ねた。

この3年間に取り扱かった新商品は多岐にわたり、東南アジアへの文房具と秤、中近東と南アフリカへの古着、中近東への大型発電機、台湾への農業機械、工具、絹製のスカーフ、輸出法に抵触しない電子部品、カナダへの秤、シンガポールへの小型クレーン、オーストラリアへの水中ポンプなどの輸出で得た商品知識は、牧村自身の無形財産になった。

(2) 3年後の電子部品輸出の再開

横浜通商発足以来取り扱った商品は、どうしても短期的で単発的要素を持つ商品が多く、リピート性が低く常に新規のバイヤーを探さなければならないという不安定要素を抱えていた。業務安定化のため、一刻も早く電子部品の輸出の再開をうかがうことになる。ようやく退社条件の一つであった3年目を残り半年で迎えようとした頃は、いまだに不安定な為替相場であるにもかかわらず、香港や台湾市場で電子部品の需要は絶えることはなく、そのビジネスチャンスも多分に残っており、牧村は香港への電子部品の輸出の準備に取り掛かった。

その最大の理由は、いったん香港や台湾のアッセンブリメーカーの製造ラインで電子部品が採用されると、長期にわたる注文が保証され、それも先方の製造ラインに合わせた毎月の注文が確保できるというメリットがあったからである。部品名は半固定抵抗器で、このメーカーは家内工業で社長と奥さんの二人だけの一軒家が工場である。ほとんどは外注内職で、近所の奥さん連中が工員である。その社長とは前の会社時代に結構親しく、退社3年後の解禁時に、その部品を優先的に取り扱わせてもらう話を取り交わしてあった。

しかし3年も経つと、香港での電子部品市場の情報がまったくなくなってしまい、浦島太郎的な存在であった。小野寺とも検討した結果、香港貿易開発局が発行している『エンタープライズ』(主に香港製品を海外の輸入業者へ紹介する総合広告雑誌で、香港以外の部品メーカーも香港メーカーへ売り込む目的で載せられている)に、これから扱う半固定抵抗器の広告を載せて、とりあえず市場反応をうかがうことにした。その結果、幸運にも期待以上の引き合いが入ってきた。

牧村は引き合いのあった全部の手紙と、半固定抵抗器の見本を持って香港に飛んだ。これが6年ぶり2回目の香港であるが、牧村が香港の地理にまったく無知である対策として、ジェニファー・ジョーンズとウィリアム・ホールデン主演の米国映画『慕情』で一躍有名になったビクトリア・ピークの真下の海に面した結構名のあるホテルに予約を入れた。

牧村はチェックイン後、案内された部屋に入るや否や、引き合いをくれたお客全社に電話をかけ、今回が最初の香港出張でまったく地理が分からないのでホテルで打ち合わせをしたい旨を依頼した。そのためにはホテル名だけでその場所が分かる名の知れたホテルが必要で、ある程度の出費は覚悟のうえでこのホテルを選んだ。お客が部屋に到着すると、牧村は「御社への道を覚えたいので、まずこれから御社へ行き、そこで打ち合わせをしたい」と伝えて、各社の住所と場所を確認し次回からは一人で訪問できるようにしておきたかったのだ。

しかしこの方法では1日2社との打ち合わせが精一杯で、全部のお客と打ち合わせをするのに丸4日かかったが、期待以上の注文が取れた。単価的には1個7円ほどで、約30万個の注文量になった。1個当たり1円50銭の利益があるので、今回の出張費を差し引いても十分な利益が残った。牧村が今回接触したのはほとんど電子部品のインポーター（輸入業者）で、いろいろな電子部品を取り扱っており、牧村が前の会社で扱っていた同様の部品の見積りも依頼され、香港まで足を運んだ成果は十分すぎるほどであった。

ところが当時の不安定な為替相場下では、見積り通りの利益を確保できるか否かはその時の為替次第で、このことは牧村だけの問題でなく、日本の輸出産業全体の生死に関わる問題になっていた。第二次オイルショックが6年後の昭和54年に起こり、為替相場はより不安定になると共に、牧村の扱っていた商品も段々と輸出対象商品から離れる傾向になっていった。特に、電子部品の組み立ては台湾や韓国に移行し、価格競争相手はこれまでの日本の同業メーカーに加えて、海外の部品アッセンブリメーカーが加わるといった最悪の事態が推移していく中で、牧村は次の新商品の構想を考えざるを得なかった。

円高傾向の為替情勢下では、発展途上国で生産される商品との価格競争は論外なので、日本独自の製品でしかも日本の港からしか輸出できない商品を探す以外に道はないと結論したが、そのような都合のいい商品は皆無である。これまで輸出商社を通して間接貿易をしていたメーカーも、利益確保のために直接貿易に切り替え、牧村のような資金力のない零細商社が取り扱える商品も段々と減少し始めた。

(3) 未処理ファイルに入っていたニュージーランドからの紙

昭和57年の9月の上旬、海外から1通の引き合いレターが転送されてきた。以前、台湾の工具関係の輸入業者に依頼されて輸出した小型運搬機メーカーからである。このメーカーも東京商工会議所の会員で、いつの間にかメーカー名簿録に記載され、時たま海外から引き合いレターが配達されることがあると聞き、そのようなレターが配達されたら転送してもらうように依頼してあったのだ。そのレターは開封もされずにメーカーの封筒に入れられていた。

それはニュージーランド(NZ)から送られてきたもので、要求されているものはそのメーカーで製作されているのとはまったく関係のない製品で、日本製の車、自家用車のボディパーツの引き合いだった。

一応お礼の意味も含めて、内容をそのメーカーの担当者に伝えて、それとなくこのようなボディパーツの供給元の有無を尋ねてみたが、素っ気ない返事であった。

このような製品の引き合いは今回が初めてで、牧村もまったくそのような資料がなく、聞くとすれば日本の自動車メーカーであるトヨタ、日産、ホンダ、マツダあたりである。牧村は車にはまったく興味がなかった。これといった考えもなくそのレターは未処理のレターファイルにしまいこんでおいたが、この1通の手紙が後日、牧村のこれからの行く末を決定付けることになるとは知る由もなかった。

(4) 横浜通商の分裂

パートナーの小野寺のその後の業務内容は輸入関係に移り、この円高問題のおかげで業績は順調に伸びていった。計量器メーカーとのタイアップで、これまでのメカニカル式秤から金属の歪で計量する新方式の部品、ロードセルの輸入、それに省エネ関係の商品も手がけて独自の部門を築き上げていた。数年前から小野寺はこの業務に携わる時間が多くなり、小野寺と牧村はそれぞれの道を歩む傾向になりつつあった。小野寺の業務が徐々に確実な形となるにつれ、小野寺と牧村の間には距離が生まれてきた。あのユニバーサル時代の二人の関係を思い出させるような雰囲気になり、これから起こるかもしれない得体の知れぬ危惧が漂い始めた。

そのような雰囲気をあたかも察知していたかのように、昭和57年の夏から秋に移り変わる頃、小野寺から一つの提案が持ち出された。これからは独自で自由に資金調達を可能にするため、輸入と輸出を完全に分離して別会社での運営にしてはどうかとの内容であった。実は牧村も資金調達には苦慮していた。公的金融機関からの借り入れの場合、代表取締役である小野寺の判が必要で、その借り入れに対して小野寺が保証しなければならない。保証する以上管理しなければならない。そうすれば、牧村はその資金を自由に運営することが難しくなり、その独自の資金調達を模索していた時の提案で、これが残された最善の方法と牧村も結論づけた。

牧村は小野寺の提案を受け入れて、それから半年以内に新会社発足の計画を立てた。その段階で苦慮したのは帳簿の分割であった。帳簿の中の小野寺自身が調達した借入金、牧村自身が調達した借入金はそのままそれぞれが引き継ぐことにしたが、一番厄介なのは公的金融機関からの借入金であった。それを小野寺が引き継ぐ代わりに、多少の定期預金、資産勘定にある備品などはそのまま小野寺の手許に残すことにした。牧村が引き継ぐ勘定項目は売掛金と買掛金、それに未払費用とすでに現金化されていてそれが支払い予定に充てられた現金ということにした。そして、その時点で計算しての帳簿分離で合意した。したがって、牧村の新会社の発足当時の貸借対照表は、まことに奇妙な内容になり、後日銀行などに説明するのに苦慮することになる。

小野寺の輸入業務に携わるため入社していた社員がいた。葉山といって牧村と同大学卒業で1年後輩にあたる。葉山はポンプメーカーの営業員で海外からの水中ポンプの引き合いがあった後、何かにつけて横浜通商に出入りするようになった。牧村と同大学で1年後輩ということもあるし、また葉山と同世代の人間が貿易会社を起こして自由奔放に仕事をしている姿を見て、貿易に興味を持った様子であった。葉山が横浜通商に入社したのは、ちょうど会社が分裂する1年半前だった。

小野寺から輸出と輸入の分離の提案があった1カ月ほど前に、「葉山には退社を考えている」と小野寺から相談を受けた。葉山の入社を持ち掛けたのは小野寺であって、葉山からの求職でなかったことを考えると、ちょっと筋が通らない話に感じた。それまで船積業務をしていた女性社員も退職して、牧村が営業と船積みの両方の業務を余儀なくされていた時であり、もし葉山が船積業務をしてくれるならばと思い、小野寺に数日の考慮期間を申し出た。

考えてみれば、葉山が接近し始めた頃は小野寺の輸入業務が多忙になり、いろいろな見本市に出展するようになって人手がますます必要になっていた時であり、それでまず声をかけたのが葉山であった。葉山は、その声を待っていたかのように、「よろしくお願いします」の返事で入社が決まった。入社後の葉山は小野寺のフォローアップ的な仕事で、あまり創造性のないものであった。小野寺は毎日のように出掛けて事務所にはほとんどいないので、お客との打ち合わせで海外メーカーへの問い合わせや確認事項が生じれば、事務所にいるブライアンに電話を入れて手紙を書かせ、至急を要する場合は国際電話やテレックスを入れさせていた。葉山も特に予定がない場合は、事務所で待機し小野寺からの電話で指示を待つといった状況で、時間を持てあましている葉山は何かにつけて牧村に話し掛けてきた。

その葉山の話も時が経つにつれて、多少愚痴っぽくなってきた。そして、「自分は横浜通商の輸出という未知の世界に興味を持っていた」と、ある時牧村に本音と思われる言葉を漏らしたことがあった。自分でできることは全部自分でするといった性格を持つ小野寺は、フォローアップ的な仕事以外は他人に任せられない性分であった。したがって、葉山にも独自の販売網を持たせなかった。葉山が新規のお客を自分のルートで見つけても、葉山一人で行かせることはなく必ず小野寺が同行し、2回目の打ち合わせに葉山を同席させないといった、まさに「他人は時の花」を地で行く徹底した営業方針であった。営業意欲に燃えている葉山は、その営業方針に消化不良を起こして牧村に漏らした言葉であった。船積担当の女性社員が退社し、孤軍奮闘している牧村を見ていた小野寺は、葉山の気持ちを察してそれとなく牧村に持ち込んだ相談であったようだ。

数日後に小野寺と牧村は、葉山を含めての会食を持った。船積担当の女性が退職して牧村が孤軍奮闘していることを理由にし、葉山に今の輸入業務から輸出業務、つまり、船積業務を兼務する意向があるか否かを確認する筋書きであった。この案は小野寺と牧村の事前打ち合わせで、このような形での切り出しが一番自然で、輸出業務にまだ興味を持っている葉山は、間違いなく受け入れるはずとの確信があった。小野寺にも、時にはフォローアップ的な業務を担ってくれる葉山の存在がまだ必要であった。船積みも毎日の業務ではないから、その空いた時間を、必要に応じて従来通り輸入業務に兼務してもらいたいということである。葉山の気持ちを尊重する形で、小野寺と葉山にお願いするといった手の込んだ切り出しを牧村が始めた。予測通り葉山は即座に同意し、翌日から船積業務をベースにした兼務体制に入った。それから1カ月ほど、葉山は牧村の指揮の下で複雑な船積業務にも慣れて、水を得た魚のように業務に対して意欲満々であった。そこで牧村は、小野寺からの「分離―別会社」の案を受け入れたこと、残り半年ほどでこの輸出部門を独立させて新会社を発足させる計画を葉山に話した。

第9章　グローバル通商設立と新参加者（昭和58年2月）

（1）設立のための資金集め

新会社発足のための資本金を集める必要があったが、牧村には資本金に回せるような余分な資金はまったくなかった。第三者からの調達が必要不可欠で、牧村は葉山に新会社への資本参加を促した。

牧村は1500万円ほどを予定・計画していたが、半年内での具体的な調達方法はなかった。可能性があるのは、牧村の実家と友人関係から何とか400万円ほどの見込みがあり、1500万円にはほど遠い状況にあった。ただ、1年後に700万円ほどを調達できる方法が残されていたために、発足時の資本金を800万円にし、発足半年後に700万円の増資で、1500万円にする計画にした。そのために、残り300万円の調達が必要で、それを葉山に促した。数日して、葉山が実家、親戚、友人を説得して、何とか300万円は可能との返事は、翌昭和58年2月の新会社設立の目標を立てさせ、準備に入った。

そのような時に、葉山は一人の男性を牧村に紹介してきた。学部は異なるがK大学の学生寮で1年間共に過ごした同級生で、今も付き合っている友人の一人であると、説明した。卒業後は東京の中国系の貿易会社の船積業務に携わり、その後、乙仲会社での勤務を通して通関士の資格を持っていることも、付け加えられた。今は、ある事情があって独自で運送業をしていて、できれば輸出の船積書類作成の代行業務を希望しており、葉山が携わっているこの業務をこの同級生にお願いできないかとの相談であった。

その男性は工藤といい、工藤は書類などのミスで迷惑をかけられないから50万円の保証金を入れるので、ぜひ受け入れてほしいとの強い要望であった。牧村は、新会社発足のために少しでも資金集めが必要であった。この50万円の魅力に押されて工藤との契約に踏み切り、設立登記費用資金に充てることにした。

工藤の申し入れを受け入れたもう一つの理由があった。それは、9月上旬に小型運搬機メーカーが転送してきたニュージーランドからの手紙で引き合いのあった、自家用車のボディパーツの商談が進み、牧村よりも車の知識が豊富であった葉山に、以前の小野寺がそうしていたような供給者との折衝を頼まざるを得ない業務状況になっていた。また、葉山もおそらくそのような状況を察し、工藤の申し出を牧村に持ち込んだと牧村は推察している。

８１０万円の資本金確保の最終的な確認の見通しがついたのは、昭和57年の暮れであった。当初の予定通り、とりあえず８１０万円の資本金で58年２月を目処に新会社発足を決めた。新会社名をグローバル通商株式会社「Global Trading Ltd.」にした。

（２）グローバル通商へ引き継がれた手紙

ニュージーランドからの引き合いの内容は、日本製自動車のボディ部品を買いたいが、正規ルートの純正部品でもなければ、中古部品でもない。彼らの説明によると、各自動車メーカーで製造しているボディ部品（ドア、フェンダー、ボンネットなど）の最終検査で、瑕、塗装などで規格外品としてはねられた部品を買いたいとの趣旨であった。牧村もその可能性を調べたが、全ての回答はまったく否定的なもので一時は未処理ファイルに綴じられていた。その後、何かにつけこの引き合いの内容を持ち出しいろいろな人たちの話を聞いているうちに、唯一可能性のあるのは自動車の解体部品であることが分かってきた。そこで牧村はニュージーランドの輸入業者へ、依頼されたそのような規格外ボディ部品の入手はまったく不可能で、唯一提供できるのは解体部品である旨を回答していた。ところが彼らからの返事は、そのような解体部品はまったく使用不可能で、まったく興味がないとのそっけない内容であった。

この引き合いが東京の小型運搬機メーカーに来たのは、すでに触れたように、グローバル通商を起こす前年の昭和57年の9月上旬であった。牧村はこの引き合いで解体部品の存在を初めて知り、ニュージーランドに回答する前に解体業者のヤードを訪れ、その業者からいろいろと情報を入手していた。業者の説明によれば、ここに来る中古自動車は当然古い車種が中心であるが、5、6年落ちの車も多く、特に事故などで修理費のかさむ車が持ち込まれる。そのような車には使用できる部品が沢山あり、使用できる部品を丁寧に取り除いて、販売するのも我々の商売の主力であると説明を受け、実際にそれらの部品を見せてくれた。中には、瑕一つないボディ部品もあり、ニュージーランドの輸入業者に間違いなく受け入れられると確信した。

しかし、ニュージーランドからの回答の中では、ニュージーランドにも解体業者がいて、彼らが解体している車は、10年も20年も乗り回した車で、ボディは完全に錆で侵されていて使用不可能で、全部スクラップとして処理されているので解体部品には興味がないという理由であった。牧村は日本の解体業者から入手した日本の状況を説明したが、「そのようなことは絶対にあり得ない」と、まったく信じてもらえなかった。百聞は一見にしかずに従い、牧村は日本の解体部品をエアフライトで送ることにした。重量の軽い、寸法のかさばらないボディ部品としてフェンダーを選び、それと一緒に日本の解体業者のヤード写真、保管されている部品の写真も添えて、先方の業者に送った。すると彼らから、「まったく信じられない。このような高品質の中古部品があるとは。一度日本に行き、ぜひ日本の解体部品をこの目で見たい」との返信があった。

（3）電子部品に替わる新商品の出現と初の円での取り引き

それから数カ月した11月頃に二人のニュージーランド人が来日し、日比谷の帝国ホテルでの初対面になった。彼らはトニーとジョンと名乗ったが、牧村には彼らの話している内容がまったく理解できない。牧村は台湾での筆談を思い出し、やむを得ず何を言っているのか紙に書いてもらうように依頼した。書かれた文書は確かに英語で、発音の違いだと分かった。「Ｄａｙ」を「ダイ」、「Ｅｉｇｈｔ」を「アイト」、「Ｍａｉｌ」を「マイル」といったように、英国のある地方で使用されている発音が、ニュージーランドで使用されていることが後で分かった。

会談もそこそこに切り上げ、二人を解体業者のヤードに連れていった。着くなり、ジョンはかなり広いヤードを見渡し、20、30メートル先にある部品を見て「あそこにブルーバードのドアがある」と、次々と車の車種名と部品名を連発している。案内役のヤードの従業員もジョンの部品の知識にはびっくりし、「牧村さん、あの人は何者?」と言わせるほど、部品の形状認識と知識が深かった。前回このヤードに来た時、それぞれの解体部品を前にしてこの案内役の従業員に一部品の車種を尋ねると、案内役は一応部品の形状を見て、「この車種は××です」と答えるような具合であった。しかし、20、30メートル先にある部品を見て、その車種を当てるジョンを見て、まったく信じられないといった案内役の言葉であった。

ヤードを一通り見回ったジョンとトニーは長々と二人で笑顔で話し合った後に、「牧村さん、本当に素晴らしい。ほとんど使用できます。ホテルで詳細を打ち合わせしましょう」となった。ホテルに帰るや否や、会談が始まり、

「牧村さん、20フィート・コンテナ単位で購入する計画があります。その購入部品リストはこれです」

数枚の紙に手書きで書かれたリストが牧村に手渡された。車種、年式、モデル、グレード、部品と必要事項がぎっしりと書かれている。

「牧村さん、このリストのこの欄にＦＯＢ価格を記入してください。価格がＯＫであれば、今ここで確定注文を出します」

と、ジョンは言ってくるが、牧村は価格のことはこれまで日本の業者と話し合ってなかった。

「ジョン、申し訳ないが、我々はこれが初めての商売で、価格に関してはまったく知識がない。もしできれば、ジョンの希望ＦＯＢ価格を先に書いてほしい。我々はそれを持って、明日業者と価格交渉してきますから」

と、牧村は伝えた。ジョンはそれを聞くなり、リストの各部品の横に日本円で価格を書き始めた。ドアは車種にかかわらず１枚８０００円、フェンダーは車種により４０００~４５００円と、書き始めた。

牧村は、翌朝、単独で昨日訪れた業者に行き、ジョンの希望ＦＯＢ価格が書かれてない部品リストを提

出して、これらの部品を20フィート・コンテナでのヤード渡しでの価格を依頼した。牧村のこれまでの輸出での利益率は、特に電子部品関係ではせいぜい仕入れ価格の10％前後であった。もし、ジョンの価格以上の金額で提示されたら、ジョンとの価格交渉がちょっと厄介になるなと思いながら、業者がリスト上に価格を書き入れるのを眺めていた。30分ほどで価格表が出来上がり、牧村の前に提示された。提示されたリストの価格を見て、牧村はわが目を疑った。そこに書かれた価格は、ジョンが記した価格の半分以下であったのだ。

「牧村さん、この価格が精一杯ですね。要望があればまだ多少は何とかしますが、初回ですので、何とかこれで折り合いをつけてほしいですね。それと、中古ですので、ある程度の瑕、錆、深くないスクラッチとデント（へッコミ）は、受け入れるように言ってください。一応、品質条件はこの紙に書いてありますので、伝えてください」

と、その後いろいろな条件が出された。コンテナ積みには必ず立ち会って、必要であれば写真を撮ってほしい旨。支払い条件は、コンテナ積みが終了したら、現金で全額支払ってほしいと意外な条件も出された。業者のこれまでの経験によれば、20フィート・コンテナで約150万円になると言われた。

牧村はいったん会社に戻り、夕方に最終価格表を持参する旨を電話でジョンに伝えた。牧村は、ジョンが記した価格をそのままOKすれば、余りにも短絡すぎてジョンを疑心暗鬼にさせるかもしれないと思い、業者リストの価格と照らし合わせて、ある部品の価格を上げたり、また下げたりして、一応体裁を整えたリストをタイプして夕方ホテルでの話し合いに入った。

「ジョン、業者はあなたの価格構成にびっくりしておりました。以前にほかの業者からオファーを取ったことがあるのではないか、と言っておりましたが……」

と言ってから、牧村は続けた。

「これが業者からの価格に、船積費用と我々の利益を乗せたＦＯＢ価格です。ある部品はジョンの価格より安くなっておりますが、モデルとグレードと年式によっては、多少高くなっている部品もあります。一度チェックしていただき、どうしても価格的に合わない部品があったら、遠慮なく言ってください。再交渉しますから」

ジョンは牧村がタイプアップした価格表を一通りチェックしてから、親指と人差指で円を作って一言「グッド」と言って握手を求めてきた。牧村は、簡単な板金などで修理できる瑕、錆、スクラッチ、デントは受け入れることが条件であることを告げ、また、コンテナ積みには我々も立ち会い、その写真を送ることを告げた。支払い条件はＬ／Ｃないし、船積後１週間以内のＴ／Ｔ送金（電信送金）のいずれかの選択を要求し、ジョンはＬ／Ｃ決済を選んだ。ジョンが「グッド」と言った前後の態度、トニーとの早口の会話（何を言っているのか完全に理解できないが）から判断すると、ほぼ記載通りの価格が提示されたことに満足しているように感じた。牧村は、彼らの日本滞在中に確定注文の確認が取れるものと期待していたが、ジョンは、この価格資料などを持ち帰り、それをベースにして、当面必要とする各部品の数量を確定注文書として送ることを約束して、香港経由で帰国した。

それから１カ月ほどした12月中旬頃に、トニーからの確定注文書が到着し、できるだけ早く20フィート・コンテナ１本分の部品を、一部の部品種に偏ることなく、幅広く船積みしてほしいとのコメントが書かれていた。依頼したヤード業者と納期の件で相談したところ、２月上旬にはバンニング（コンテナ積み）が可能との回答を得たが、牧村は2月に新会社グローバル通商の設立の準備をしていた。そうすると、せっかくの利益が現在籍を置いている横浜通商の管理下に入ってしまう。牧村はトニーに手紙を出し、船積みの準備は2月上旬に可能ではあるが、2月中に設立予定の新会社グローバル通商での初仕事にしたいので、船積みはその設立以降にし、L／Cも新会社を受益者にしての開設を依頼した。この新会社の設立に関しては、11月のトニーとジョンの来日の時に伝えてあったので、折り返しのトニーからの返事もOKの一言であった。

最初の1本目のコンテナは、グローバル通商の初仕事として、2月の下旬に船積みされた。バンニング予定日の数日前、業者から積み込み予定の部品名とその数量のリストが届けられ、バンニングに立ち会うよう依頼されていた。路上でのバンニングのため、交通量の少ない朝6時からの開始で、その時にリスト上の部品総額を現金で用意し、正確な金額はバンニング後に計算すると書かれていた。牧村は250万円の現金を用意し、葉山の運転で当日の早朝5時ごろ横浜を出発して、江戸川区の指定された場所に向かった。

バンニングは約2時間で終了し、牧村はそのバンニング風景を写真に収めた。リストに記された部品のほとんどが20フィート・コンテナに積み込まれて、部品代金は総額で約200万円になり、輸出総額（FOB）で約450万円になった。しかし、最初の1本のコンテンナがニュージーランドに到着してから、利益の半分以上が吹っ飛ぶような事態が待ち構えているとは、この種の経験のない牧村にはまったく予知できなかった。

（4）クレームが海外出張へのチャンス

コンテナがニュージーランドのオークランド港に到着後、２週間ほどしてジョンから速達のエアメールが届いた。部品が異なるとのクレームである。注文したモデルと異なるモデルの部品が積まれていたとの内容で、その明細が記されていた。牧村にはわけが分からない。早速、業者にうかがいその真偽を確かめたが、業者は注文通りの部品をコンテナに入れたの一辺倒で、解決の糸口がまったく見つからなかった。ジョンにその旨を伝えると、ジョンから「これは今後非常に重要なことなので、今のうちに解決しなければならない。早急に一度ニュージーランドまで来い」との強烈な回答が来て、牧村はニュージーランド行きを決意せざるを得なかった。

フライトスケジュールを調べると、毎日曜日に１フライトあるのみで、帰国もその折り返しフライトのために、いったん日本を出国すれば、最低１週間のニュージーランドでの滞在になる。しかも飛行機代は往復50万円で牧村自身の給与の３倍以上の金額である。それにホテル代となると相当の出費であるが、これからの継続的な取り引きを考えると、一時の投資と考えていいと結論づけ、牧村は訪問することをジョンに伝えた。

長旅であった。南半球にあるニュージーランドには約12時間のフライトである。途中フィジーで一時着陸して、翌朝９時頃にオークランドに到着した。ジョンの出迎えで、まず、用意されたホテルにチェックインし、早速トニーの会社に向かった。そこで分かったのは、ジョンとトニーはそれぞれ異なる会社の社長で、トニーは資金面をサポートする投資会社で、ジョンが実際に部品を販売する会社の社長であった。

「牧村さん、我々は大変な部品を買いました。まったく市場性のない部品です」

資金面を管理するトニーが開口一番に切り出したが、牧村は黙って聞くだけであった。

「何がロング・パーツ（Wrong Parts）か、これからジョンのヤードへ行って説明を受けてください。その後、善後策を話し合いましょう」

と、トニーは付け加えた。

「牧村さん、あなたの業者は恐らく今回が初めてのニュージーランドへの部品供給だったと思います。私がトニーと一緒に日本へ行き、ヤードで見た部品のほとんどは使用できます。ニュージーランドでは、自国の自動車メーカーはありません。１００％輸入車です。その70％以上が日本車です。中でも、三菱自動車、マツダ、ホンダの車が主流です。ニュージーランドでは、中古自動車の販売は少なく、いったん新車を購入すれば、10年、20年と廃車するまで修理しながら乗ります。こちらの解体業者に入る車からは、まったく使用できる部品はありません。部品購入はほとんど新品の純正部品で非常に高いんです」

と、ジョンは引き続き語る。

「牧村さんから当初解体部品の話があった時、実際に送られてきたフェンダーの品質を見るまで信じられませんでした。それでもまだ疑いがありました。このフェンダーは選び抜かれたフェンダーではないかと。しかし、牧村さんは確かに選びはしたが、標準品はこれに近いと言われて、我々は日本行きを決意しました。実際に、ヤードに並べられた部品を見て、商売になると判断して、トニーと提携しての新事業にしました。ヤードで見た部品はほとんどこちらで使用可能でもあるにもかかわらず、ロング・パーツが来るということは、日本とこちらでモデルの入れ替えがあるのかもしれません。それを今回確認したいのです。それが分かれば、大変なノウハウになり、ビッグチャンスにもなります。では、早速行きましょう」

と、ジョンの車で部品置き場へ向かった。

牧村は以前、東洋電子入社の条件で免許証を取得したが、今は失効して無免許状態である。牧村が台湾に約半年滞在し、その運転感覚が多少狂って帰国後に事故を起こしそうになったのだ。台湾は左ハンドルで日本と逆である。牧村はいつも助手席に座っていたため、帰国してもセンターラインのない道路ではいつの間にか右側を走行していて、正面衝突寸前で事故は免れたが、それから運転には消極的になり、免許証を持つ魅力を失ってしまった。仕事に追われて更新も怠り、結局は失効させてしまった。

部品置き場にはすでにロング・パーツが全部並べられていた。主にフロント周りの部品で、グリル、ヘッドライト、バンパー、それに数点のフェンダーなども入っていた。よく見ると、日本から積まれた全ての部品にモデル型式がマジックで書かれていたが、肝心のモデル名とグレードは日本語であった。ジョンから、これらの日本語は何を意味しているかを聞かれ、メーカー、モデル、グレードであることを説明し、それぞれの部品に記された日本語の下に、ローマ字と英語で追記した。それらの部品を一点一点見たジョンは、

「牧村さん、これは三菱の××モデルでグレードが××と書かれておりますが、こちらではこのデザインのものがその△△モデルのグレード△△です」

次から次へと説明していくジョンに牧村は付いていけなくなったが、それらの名称がローマ字と英語で記されて船積みされていたならば、何もニュージーランドまで来る必要がなかったのではないかと思いながら、ジョンの説明に耳を傾け続けた。

直接見て比較すればその違いが分かるが、次の違ったデザインの同じ部品が出てくると全部一緒になってしまい、まったく識別が付かなくなってくる。これでは帰国してもまったく説明もできないし、また、

全部の部品を持ち帰ることもできず、考えた挙句、面倒でも両方を並べて、しかも注釈を付けて写真を撮ることにした。ニュージーランドでのモデル名とグレード名を白い紙の上に書き、その余白に部品を乗せて、1枚1枚を撮影した。写真を撮りながら、トニーの事務所でジョンが言ったように、この写真が場合によっては大変なノウハウになるかもしれないと感じた。

注文を受けたけど未出荷の部品もあり、その中にも相当この種の部品があるに違いないと思った。とりあえず、注文品全部の写真を撮るのに丸3日ほど要した。写真の写りに失敗があればわざわざここまで来た意味がなくなるので、ニュージーランド滞在中に現像、焼付けまでして、全ての写真を確認することにした。出来上がった写真の中で、どうしても撮り直した方がいいと思われるものも何点かあり、それらを撮り直した。この写真集が帰国してからノウハウになり、貴重な資料になったことは言うまでもなかった。

(5) ニュージーランドでの外食

ニュージーランドは、デンマークにジーランド（緑の国という意味らしい）という地名があり、これに、「ニュー」を付けてニュージーランドになったというほど、緑鮮やかな風景であった。日本と同じほどの国土に人口が300万人で、羊が6000万頭いる国である。ニュージーランドは北と南に分かれて、北側の最大の都市はオークランドで、南側はクラフトチャーチである。そのオークランドの市街地から車で15分も走るともう田園風景で、緑一色の小高い丘が視野いっぱいに広がり、その中に無数の白い点がゆっくりと移動しているのが見える。羊の群れである。走行車は少なく、渋滞とまったく縁がない。ニュージーランドは、日本と同様に右ハンドルで、目に入るほとんどの車は日本製で、三菱、マツダ、ホンダの車で占められている。特に三菱が多い。

　牧村が一番困ったのは、オークランドの全ショップ（飲食店は除いて）が、夕方5時になると完全に閉店することである。仕事を終えてホテルに帰ると、ホテルの回りのショップはすでに閉店しており、路上にはまったく人影が見えない。食事といっても、当然どこかのレストランに行かねばならないが、一見してレストランだと分かるレストランはなかなか見つからず、やっと「もしや、これレストラン?」と感じるようなレストランらしきレストランに遭遇し、テーブルに座ってもまったく無視された状態で、一向に注文を取りにこない。仕方なく、そのレストランの従業員らしき女性にとりあえずビールがほしいと伝えると、彼女は「You may buy outside and bring it here with you」と聞こえたが、牧村は何をしたらよいのか分からずうろうろしていると、アジア系の人が牧村に近づいてアジア系の英語で説明してくれた。

　その人の説明によると、当地の通常のレストランではアルコール類は置いてなく、必ず店の看板には「BYOB」と書いてあり、その店でアルコール類（ビールやワイン）を飲みたかったら持参することがこちらの習慣であるということであった。また、そのレストランではテーブルに食材が置かれているので、好きな食材を皿に載せて、カウンターの向こうのコックにバーベキュースタイルで焼いてもらい、その場で支払いをするシステムになっている。もしビールがほしければ、自分もほしいので一緒に買ってきてもいいと言われ、やっとビールを口にすることができた始末であった。

　食後、牧村はウィスキーでも少し飲みたいと思い、日本にあるようなスナックやバーを探したがまったく見当たらない。路上にはだれ一人歩いてなく、まったく殺風景な夜景で、何することなくホテルへ帰らざるを得なかった。仕事を終えたサラリーマンはまっすぐ家路に着き、毎晩家でどのように過ごしているのであろうかと、不思議な国に思えた。翌朝、ジョンにそのことを伝えると、どの店でも夕方5時の閉店は通常で、また、月曜から木曜日までの平日はだれも外で飲む人はいないが、金曜日の晩はどこのパブもいっぱいになり、週1回のバカ騒ぎを楽しんでいる。金曜日の晩には、トニーと一緒にパブに連れていく計画なので、楽しみにしていてくれと、何か期待を抱かせるような言い方をするから、牧村は日本でのバーやスナック様式を想像していた。しかし、実際に案内されたパブでは女性の姿は見当たらず、テーブルもなくカウンターに一列に並んで、しかもただビールを飲んでおしゃべりするだけで何も起こらなかった。

（6）帰国と得たノウハウ

1週間のニュージーランドの滞在を終えて、12時間かけての帰国になった。帰国した翌日に解体業者を訪れて、現地で撮った写真を見せたところ、一発で回答が出た。業者の話によれば、各車メーカーは新車のグレード名を他のグレード名に変えて輸出しており、ニュージーランドで「N×」と言えば、日本では「V×」のグレードの部品を指していることが分かった。次便のコンテナで、それら全てのロング・パーツを無償で出荷して無事一件落着となったが、それらのロング・パーツが数年して彼らに莫大な利益を生むことになるとは、その時だれも予知できなかった。

輸出する日本側も、また輸入するニュージーランド側もまったく初めての試みで、第1回目のコンテナがオークランドに到着するや否や、ニュージーランドで話題になり、ニュージーランドの有名な新聞社の日本支局から早速取材インタビューの申し込みが入り、牧村はそのインタビューに応対した。

ニュージーランド人でありながら、流暢な日本語でいろいろな質問が入り、市場調査のためにニュージーランド再訪予定の件を話した。その訪問計画が早速ニュージーランドの新聞で紹介されて、再び牧村がオークランドに到着するや、車中でその新聞記事を見せられた。牧村の会社が新聞社に紹介されたことはこのうえない宣伝効果をもたらした反面、別の輸入業者が大阪の貿易会社から解体パーツを日本から輸入させる結果になり、しかも数年後には相当数の後発輸入業者が参戦して厳しい価格競争が展開されていくことになる。

第10章　中古部品が導いた新たな仕事と消費税（昭和61年5月〜平成8年4月）

（1）ニュージーランドからの電話

この中古部品の輸出開始から3年経った昭和61年5月上旬のある日、ニュージーランドから突然国際電話が入った。それは、ニュージーランドの旅行会社からで、中古自動車のバイイング・ツアーで日本に送られた団体客全員に中古自動車を斡旋し、指定された船への船積みまでの依頼という内容で、当然、十分な手数料を払うとの申し出であった。

しかし、牧村のそれまでの情報では、海外からの一時入国者は日本で中古自動車を買い入れても、海外へ持ち出しできない規制になっていた。そのため、「その申し出は受け入れられない」と回答すると、「あなたの情報は古すぎる。一度税関へ確認すれば、すでにOKになっていることが分かるはずだ。すでに、この方式でニュージーランドに日本から中古自動車が輸入されている」との返事である。

その旨を横浜税関に確認を取ると、それまでの規制（いかなる中古自動車でも海外へ輸出する場合は、指定された車検場で新品タイヤ、新品バッテリーへの交換、ブレーキと排気ガスなどの検査・修理、車体瑕疵の修復と車体の全塗装を施し、その検査証明書を税関に提示が必要であった。また、外国人が1年以上日本国内で居住し、6カ月以上本人名義で常用した中古車は、本人が母国へ帰国の際は本人のパスポートで、輸出検査なしの現状での海外への持出しが許可されていた）の中で、入国者の中古自動車の海外への持ち出し規制が緩和され、一時入国者でも一人1台までの中古車ならば、所定の手続きを取ればそのパスポートをベースに日本国からの持出しが可能との回答である。その旅行社の言っていることが正しいと分かるや否や、オークランドの旅行会社へ受け入れOKの電話を入れた。

しかし、ニュージーランドへの解体パーツの輸出を皮切りに、昭和58年2月に華々しく就航した新造船グローバル号も、それまで多少円安傾向にあったドル円レートが、設立同年同月から1ドル262円80銭をピークにして急激な円高が進み始め、日々円高との厳しい戦いの門出になった。同年9月のプラザ合意でドル安円高政策が採られ、発表翌日1日でドル円レートは、一気に235円から約220円までドルが下落し、バブル経済への発端になった。

バブル経済下での株価、土地価格の異常な上昇に反比例して、昭和63年11月には1ドル当たり121円10銭という未曾有の円高にまで進み、解体パーツ以外の一般電子部品などの輸出は完全に姿を消すことになる。昭和59年11月の決算ではグローバル号も赤字に転落し、それから2年後には債務超過に陥る最悪決算を出さざるを得ない経営状況であった。グローバル号もここで沈没かとだれしもが思った時、このニュージーランドからの1本の電話が中古自動車輸出のチャンスをもたらし、それもまったく為替リスクのない円決済を伴う救世主なので、沈没寸前のグローバル号を黄金街道へと導くのである。

この救世主が現れるまでの3年間で、グローバル通商の内部も様変わりした。この円高進行と国内景気の影響を受けて、葉山は輸入国内販売に着手し、工藤が正式社員として葉山の輸出を受け継ぎ、葉山の国内販売は多忙を極める。しかし、売上に繋がることが少なく、この3年間の赤字の大半は葉山の営業経費と給与で作られた。そのため、何点かの輸入商品の商材を持って、葉山はグローバル号を下船することになった。

ニュージーランドの旅行会社からの担当者がすぐ来日し、業務の流れ、日本側の手数料の取り決めなどを全部書面化した後、何軒かの中古車店を回り、ニュージーランドで人気のある車種と価格の情報を示唆してくれた。個人客のため一人1台の購入で、1回のツアーで10人前後を毎週送り出す計画を知らされた。牧村の方の1台あたりの手数料は7万円で悪い話ではなかった。海上運賃は日本で支払いするC&F方式で、1台当たりの総額も結構な金額になった。

毎日曜日の晩になるとニュージーランドの旅行社から牧村の自宅に電話が入り、オークランドを出発した人数とツアーの代表者の名前と滞在ホテル名が知らされてくる。翌朝指定されたホテルのフロントで代表者のルームナンバーを確認し、代表者にロビーでツアー全員の集合と簡単なミーティングを館内専用電話で告げる。ミーティングでは全員の名前と特に購入希望車種があるか否かを確認し、それから用意したマイクロバスで1軒1軒中古自動車ショップを巡回し、各自の要望する車を1週間で探し求めることになる。

本人たちは車を買うために来日しているため、滞在の1週間中に必ず買うことになるが、最初の3日間は単なる市場調査で、ショップを回っては各自で克明なメモ（価格、グレード、走行距離、錆びやボディの瑕疵内容）を取り、3日を過ぎるとその中から、購入車を選び、各自思い思いに、あのショップのあの車を再チェックしたいとの要望で再度の巡回になる。

価格交渉は牧村たちの仕事で、顧客とショップの間に入り、顧客の指値《さしね》に応じて、または、客の指値が安すぎる場合はショップの価格を客に納得させて、商談を成立させることが牧村たちの主要な仕事であった。毎週同じショップに客を連れていくので段々顔なじみになると同時に、各ショップも牧村の訪れを当てにするようになり、1台2万円の販売手数料の要求も快く受け入れられた。結果的には、ニュージーランドの客が2万円を余分に払うことになるが……。

このようなニュージーランドからの個人客を受け入れている牧村のような貿易会社は、関東地域だけでも20社前後あり、その半分以上はパキスタン人が経営する会社であった。指定されたホテルに出向くと、ニュージーランドの他の旅行会社で手配された個人客とそれらをアテンドする貿易会社の人間で毎朝、毎夕ごった返し、目に入るほとんどの顔はニュージーランド人とパキスタン人で、あたかも海外の英語圏のホテルに舞い込んだような錯覚に陥る光景である。

牧村はこれは絶対に口コミ商売になると考えて、帰国前日の土曜日に希望するお客を募って鎌倉を案内する提案をした。朝、ホテルまで迎えにいき、各自に鎌倉までの切符を買わせて、鎌倉のいくつかのお寺を案内し、食事、写真やお土産の買い物で楽しませた。帰国してからこのサービスをこれから来日する人たちに話してくれれば、牧村と契約している旅行社を選んでくれると期待しての最後のツメであった。後から来たお客の中で、牧村が鎌倉の話をする前に確認してきたお客もいたほどで、その効果は十分にあったと感じられた。

このようにして、中古自動車がニュージーランドに輸入され始めると、一番喜んだのは、ジョンとトニーであった。中古自動車であるため、また、どうしても安く購入しようとするため、多少の腐食、デントやスクラッチのある車になりがちである。そのような時に、牧村はジョンの会社を紹介して、この車種の中古部品はジョンのヤードで安く買い求められると告げると、ほとんどのお客は安心してそこから購入してくれた。最初のコンテナで船積みしたロング・パーツも、これらの中古車がニュージーランドに到着すると、ロング・パーツからコレクト・パーツに変身し、膨大な利益をジョンとトニーにもたらした。

（2）本格的な中古自動車の輸出

数カ月ほどすると、ニュージーランドの旅行社の指定するホテルが、浜松町の駅の近くにあるホテルに定着した。そのホテルには他の旅行社から募られた同目的のツアー客も宿泊していて、まさに全室が占領されているかのように見えるほどの数になっていた。その客の中に、一人異質の中年の男性がいた。べつに車を買いにきた様子でもなく、ただ客の間を歩き回り話しかけている。翌週も見かけ、またその翌週も見かけるということは、このホテルに常駐していることになる。この中年男性はホワイトマンと名乗り、オークランドに住む貿易商社の社長であった。彼はここに常駐して、個人客が買った車を、自分が指定した船に積むよう交渉して回っていた様子である。このホワイトマンが、後日牧村にビッグビジネスを持ち込むことになった。

ある日の朝、ホワイトマンが牧村に話しかけてきた。それもこの商売を始めて半年ほど経ち、旅行社から送り込まれる人数も少しずつ減り始めた頃で、この商売もそろそろ終焉に向かうかと牧村も不安な気持ちになりかけていた時であった。ホワイトマンの申し出は、複数の台数を毎月コンスタントに買いたがっている中古自動車の販売業者たちを受け入れてくれないかとの打診であった。これを期して、グローバル通商の本格的な中古自動車輸出の幕開けになったが、その時はまだ一人1台の規制が取られていたため、違法と分かりながら、数々の方策を業者仲間から教えられて実行せざるを得なかった。

1台目は本人のパスポートでこれまで通りの輸出が可能である。2台目、3台目は本来の輸出検査を受けての輸出になるが、その検査費用として1台当たり15万円を要するとなると、まったく受け入れられる話でなかった。それで牧村の耳に入った方策は、東京にある二つの税関、それに横浜にある二つの税関へ同一パスポートを同時に輸出ライセンス申請することで、一応4台の中古自動車の輸出認可が取れる方法である。この方法はパキスタン人の輸出業者が考えて、すでに実行しているとの話であった。しかし、牧村の会社所在地は横浜のため、東京税関での輸出ライセンス申請には何か違和感があったが、最低5台の買付・輸出を可能にするには、どうしても東京税関へのライセンス申請が必要であった。

牧村はそれを可能にするため、以前に電子部品の輸出で懇意にしていた東京の神田に事務所を構えていた貿易会社の社長に懇願し、その会社名でのライセンス申請（名義貸し）の承諾を得た。ホワイトマンには、一業者5台までの買付・輸出は可能と伝え、それ以上の台数を望む場合は、その業者の責任で有効なパスポートの手配を条件にした。そのために、牧村は業者の要望で関東周辺のいろいろな場所へ、パスポートと航空券（日本出発のフライトが確定していることが条件）を預るためにたびたび行かされた。ある業者は10台以上の車を買い付けた。そのパスポートは千葉県の行川《なべがわ》アイランド（フラミンゴのダンスショーなど鳥をテーマにしたパーク）にトンガの10名以上のダンサーがショーに出ており、その団長に話が付いていたのだ。

そのパスポートを使用しての船積みを要請され、牧村は預りと返却で2回行川へ行っている。

しかし、この方法も数カ月で横浜税関で露見し、牧村の会社にも横浜税関から通達が入り、2台目以降は本来の輸出検査を受けての輸出とせざるを得なくなった。日本から海外への中古自動車は毎月13000台ほどが輸出されていたが、そのうち7000台はニュージーランド向けであった。無論、15万円もする輸出検査は、海外から買い付けに毎回来日する業者には理解できるわけがない。実際に現物を見て納得しての買い付けであるため、日本での輸出検査は不要との声がニュージーランドの中古車輸入協会から持ち上がり、徐々に検査条件も自走が可能か否かの名目検査まで緩和され、その費用も一台3万円前後で定着していった。それでも不当検査のクレームが鳴り止まず、最終的には輸出検査は完全撤廃し、抹消謄本一枚での輸出が可能になり、ニュージーランド向けの輸出が増加の一途を辿った。

プラザ合意の影響で、グローバル通商が昭和60年11月の決算で計上した膨大な累積赤字約3000万円は、63年の決算ではすでに黒字転換していた。そのきっかけになった個人客を受け入れていた頃は、牧村の資金繰り（キャシューフロー）は外見上は順調に運ばれているかのように見えた。毎週月曜日に10人前後の個人客がコンスタントに送られてくるから、1台7万円（＋2万）で毎週金曜日に約70～90万円近く、1カ月で280～360万円の収益となる。しかし、それまでの未払いになっていた費用・買掛金、買入れ返済、それに新たに発生する船積みに関わる乙仲費用などを完全に賄うには、各個人客から預っていたニュージーランドまでの海上運賃（約7万円）もたびたび借用しなければならない状況にあった。船が横浜港から出港し、ニュージーランドの港に着くまでに1カ月ほどかかる。そのため、遅くとも到着1週間前に船荷証券（B／L）を揚げ、お客全員の船積書類を旅行会社へEMS（郵便局の国際宅配便）で発送しなければならない。このB／Lを揚げるために1台7万円の支払いが必要であったが、毎週月曜日に次の新たなお客が送り込まれて来る間は次のお客から預る海上運賃で充当され、問題は生じなかった。

しかし、翌週に送られて来る個人客の数が減少したり、まったく手配されなかったりすると、牧村のキャッシュフローに重大な問題が生じ始めた。現金不足のためにB／Lを船会社から揚げられないのである。それを救ってくれたのが、銀行小切手とクレジットカードであった。牧村の対外支払いは、銀行振り込みないしは小切手支払い（小切手支払いは高額の集金に対する支払いのみ）で、ほとんどは銀行振り込みであった。しかし、このB／L揚げは小切手支払いであった。

数社の船会社がニュージーランド向けに配船しており、それまでにB／L揚げで切った小切手の引落日を追ってみた。驚いたことに、いずれの船会社も受け取った小切手を即交換に回してなく、相当長く金庫で保管しているのだ。その間は牧村の銀行の当座預金口座にその資金が眠っていることになる。しかしその引落日には一定の周期性がなく、ある程度の長期間（最長でも1カ月）であるが、いつその小切手が回ってくるか分からないのが頭痛の種であり、一刻も早くニュージーランド旅行会社からの次のお客を待つしかなかった。

ある日突然10時過ぎに、銀行から残高不足の電話がかかってくる。小切手が交換へ回ってきたのである。不渡りを避けるためには、午後3時までに不足額を当座預金口座へ充当しなければならない。３０００万円の累積赤字を有している牧村には、公に借り入れできる手立てはなかった。できるのはクレジットカードでのキャッシングだけである。牧村は5社のカードを持っていたので、全部のカードを利用すれば１５0万円の調達は可能であるが、牧村が考えている独自の限度額はカード限度額の半額以下である。それは万が一の時の備えで、カード・キャッシングで借りる時の鉄則にしている。銀行から残高不足の電話のある時はいつでも、牧村はいそいそと近くの商店街にあるキャッシュ・ディスペンサー・コーナーに向かった。黒字転換になるまでは、このような調達方法で牧村の資金繰りが続けられ、カードに助けられていた。

(3) 平成元年4月からの3%消費税の導入

平成元年から8年までの8年間は、ホワイトマンが毎週定期的に紹介するお客で竜が天に昇るような勢いでの躍進であった。ただ、新たな問題は、平成元年4月1日から導入された3%の消費税であった。売上がそれほど多くなかった導入初期の頃はそれほどの負担感は生じなかった。しかしお客も定着し、中古自動車の輸出検査の緩和、それに検査の完全撤廃で1回当たりの購入台数も増えて売上額も増大してくると、3%の消費税の立替の負担感がジワリジワリとボディブローを受けているボクサーのように、キャッシュフローにその影響が出始めてきた。

5万円前後の車を購入している間は、3%の消費税の負担感がほとんどなかった。しかし時が流れるにつれて、高年式の車、スポーツタイプの車などへと人気車種が変わり、それらの車を求めて、解体屋からディーラーの業販部、街中の中古車ショップと購入場所も変わり始めると、車価格も当然5万円から何十万円、場合によっては100万円近くの価格になってきた。3%の消費税の立替のボディブローが重々しく感じられてきた。

輸出業者の場合、この3%の消費税を海外のお客から徴収することは不可能であるため、3カ月ごとに定められた書式で所轄の税務署へ還付請求することになる。ところが、それから3カ月後の還付入金されるまでの都合約6カ月間は、全額、業者の立替金になる。売上額が増大すればその分消費税の立替金も増大し、黒字を維持しながらもさらなる資金調達を余儀なくされる不合理な図式が待ち構えていた。

業者が入り始めた頃はとにかく安い車が要望で、グローバル通商が得意としていた解体屋が最適の供給の場であった。まだバブル景気を謳歌している日本経済では、かなり新しい年式の車（4、5年落ち）が解体屋に持ち込まれ、1台5万円前後の販売相場であった。多少瑕、錆の損傷があれば交渉次第で3万円になった車が、ニュージーランドの店頭では100万円前後で売却されるため、バイヤーが真っ先に行きたがるのは解体屋であった。

牧村が案内する解体屋には1日で30台から50台が持ち込まれる。彼らは丸1日解体屋の入り口に居座り、持ち込まれる車を入口で念入りにチェックして、購入可能な車があれば自分の名前をボディに書き込み、相場は分かっているが、とりあえず価格交渉に入る。1台1台での価格交渉は難しいと考えた彼らは、ある程度の台数をまとめて、その合計額から5万円差し引けとか、3万円差し引けという狡猾な交渉に変わってきた。彼らにとってみれば、日本の解体屋のヤードには宝物が放置されているかのように見えたはずである。

新車と引き換えに引き取られた車は中古車としての価値があるので、街中の中古車ショップで販売されるか、オークションセンターを通して中古自動車市場に送られていく。4、5年落ちでも、走行距離、グレード、車体色、瑕疵で市場価値がないと判断された車は、解体屋への無償引き取りとなる。程度具合によってはディーラーがある程度のお金を付けて引き取りを願っていた。解体目的で引き取った車の部品の販売、車をそのまま売ることは、解体屋にとってもまったくの副業で、これほど美味しい商売を見逃すはずはなかった。

借入金の必要不可欠のもう一つの理由は、車代金の支払いであった。当初の頃はほとんどのお客はトラベラーチェックを用意して、最終日に全額を支払ってくれた。その後、購入台数の増加に伴い、また購入価格が高くなってきたため購入総額が1000万前後になると、どうしても帰国後の銀行送金に変わってしまう。それがディーラーや中古車ショップからの購入であれば、銀行送金が到着するまで快く待ってくれるが、それらの車がオークションとか入札方式で購入した車であれば、次週開催前日までに支払いされないとオークションや入札に参加できない規約になっていた。そのため、翌週来日予定しているお客を考えると、購入代金の立て替えも余儀なくされ、グローバル号の資金繰りは売上が伸びるのに比例して借入金も増えるという皮肉な現象になり始めた。

（4）消費税5％へ移行

その3％の消費税が、平成8年4月に5％に引き上げられた。当時のグローバル通商の年商は9億円以上に達しており、毎月の仕入れ額も約6000～7000万円になっていた。その毎月の消費税の立替額も300～350万円以上になり、スムーズな業務遂行のために、グローバル通商はさらなる借入金を余儀なくされる資金状況になった。ところが、銀行の不良債権問題がまだそれほど世間では騒がれていなかったため、その資金調達もそれほど難儀なものではなかった。

牧村は、海外からの電信送金の受け入れ口座を、名のある都市銀行の一つであるS銀行に集中させていた。S銀行の口座には、毎日のごとく海外、時にニュージーランドとオーストラリアからの入金案内が知らされてくる。1カ月の電信受領額は８０００万円以上に達し、その件数も１００件以上で、しかも昭和63年以来の黒字決算である。それに、それまで1回も1日たりとも遅れることなく毎月の返済を履行しているとなれば、まさに最優良企業の1社で、銀行でも保証協会でもそのように評価されていた。海外からの資金が集中するS銀行に保証協会の保証付借入を集中せざるを得ないといっても、決算書を税務署に提出した翌月の上旬には必ず追加融資の話が持ち込まれ、必要申請書類に社判と署名、それに提示された金額を記入すれば、数週間後には指定されたS銀行の口座に入金するいとも簡単なものであった。

しかし、それでも毎月の消費税の立替額３００〜３５０万円、それに１０００万円以上の車代金の立替用（1回限りの立替であれば、何ら問題はないが、毎週訪れるお客の立替になれば、その立替額は固定化される）の借入金も、毎月の返済でその資金が減少すれば、当然再度の補充が必要になってくるといった具合で、毎年1回はその補充借入の必要性が生じていた。

グローバル通商はそれまで１００％の輸出専業貿易会社であったために、相殺できる仮受消費税は1円もなかった。牧村は、もし国内販売があって仮受消費税が発生すれば、当然その分が相殺され、立替消費税の還付請求の先取りを意味することになると考えていた。その近未来の輸入国内販売の可能性を模索している時、米国からある商品の提案が舞い込んできたのだ。

第11章　5％消費税が生んだ輸入国内卸への道（平成8年初夏〜13年）

（1）米国から舞い込んだ「手袋」

平成8年の初夏を迎えた頃、グローバル通商をどこでどのように調べたのか分からないが、日本女性を奥さんに持つアメリカ人夫婦から突然電話が入り、翌日のアポの要求であった。翌朝、アポの時間通りに夫婦で来社した。エス・アイ社と名乗り、ある商品を牧村の前に出して、「この商品を今年の冬商品の一つとして、売ってほしい」との依頼であった。その頃の牧村は相も変わらず車の販売と消費税対策の資金繰りで、今すぐ国内販売に手を伸ばせるほどの時間的余裕は到底なかった。しかし、持ち込まれた商品はこれまでに見たこともなく、一考の価値があると直感した。それは、手袋を乾電池で発熱させる「Heating Glove」と称するものであった。

グローバル号が昭和58年2月に華々しく就航してから数年で下船した葉山は、ＡＢＣジャパン株式会社と称する自分自身の会社を起こしていた。通販業界でも異質な販売方法で一目置かれていたある中堅通販会社をベースにして、通販会社への卸業務を行っていた。牧村は葉山にこの「Heating Glove」の販売を任せようと思い立った。葉山の現在の業務内容をアメリカ人夫妻に説明し、双方を早急に会わせるために、葉山の携帯に電話した。

「もしもし」という懐かしい葉山の声が牧村の耳に響いた。前回電話で話し合ったのは、確か半年前である。「葉山さん、グローバルの牧村です」と言ってから、互いの近況を確認した後に、

「今、どこにいるの？」

「横浜にいます」

「こっちに来られないかなー？　ちょっと紹介したい人と変わった商品があるんだけど、どう？」

牧村はアメリカ人夫妻に持ち込まれた「Heating Glove」に関して手短に説明すると、葉山は非常に興味を示し30分後に牧村の事務所に現れていた。その「Heating Glove」は、手袋の甲側面の親指を除いた4本の指全体にもう1枚薄い布が縫い付けられ、その中に発熱体と称するプラスチック製の薄いフィルムが内蔵されている。そのフィルムの内部に組み込まれた発熱回路が、乾電池からの電流で熱を発する仕組みになっていた。葉山は「ぜひ独占的に取り扱わせてほしい」と熱をこめた。

問題はだれが輸入するかである。葉山は「自分の会社では直輸入できる資金力はないので、グローバルが輸入してくれれば、自分が責任を持って販売します。我々2社で独占販売をしましょう」と提案してきた。しかし、牧村も消費税や車両代金の立替でアップアップしている資金状況である。商品を現金で輸入できる資金的余裕はまったくなかった。そんなやりとりを耳にしたアメリカ人夫妻が、「牧村さん、L／C決済でもいいですよ」と提案した。そこで牧村は、H信用金庫でまったく利用されることもなく眠って

いるL／C枠があったことを思い起こした。

以前にH信金の担当者が「保証協会の保証を利用してL／C枠の確保を」と、牧村と顔を合わせるたびに、時には事務所まで押しかけて執拗に勧誘してきた。牧村がお付き合い程度の感覚で申請したのは前年の春先で、一度も使用することもなく平成8年の4月に自動更新されて向こう1年間の保証料が4月に自動引き落としされていた。その500万円のL／C枠を利用して、葉山とアメリカ人夫妻を含めて、早速販売計画に入った。これが牧村がこれから展開する輸入国内販売に参入する布石となった。

牧村と葉山はそれ以降、牧村のスケジュールに合わせて土日に、時には祭日も返上し、「Heating Glove」に「ほっかほっか手袋」と名づけて国内市場での商品化の準備に入った。葉山の経験によれば、「大手カタログ通販会社では冬物商品の企画提案はすでに終了しており、今は来年の春物、早い会社では夏物を検討している状況である。今年は新聞関係とチラシ関係の通販会社が対象になり、それも遅くても9月の上旬には提案しないと間に合わない」とのことであった。

牧村はまず取扱説明書の制作に取り掛かり、葉山は出来上がった取説をベースにして企画書作りに入り、新聞を媒体とする通販会社への提案が終わったと葉山から報告が入ったのは9月の中旬過ぎであった。しかし奇抜な商品であったためにその反応は鈍く、なかなか初回の輸入数量が決まらなかった。葉山と相談して、とりあえず1000組を11月上旬到着での手配をとり、アメリカのエス・アイ社宛のL／Cについて、H信金から開設手配を取った。

11月に入り気温も大分下がり始め、冬物商品も一部の新聞で紹介され始めた頃、葉山から「最近まったく面識のない業者から『Heating Glove』の件で何回か電話が入り、早急に会ってくれと要求されているので、一度一緒に会ってくれないか」との提案を受けた。その業者の問い合わせは、手袋がいつ入荷するのか、また、いくらで卸してくれるのかという内容である。「これまでに聞いたことのない会社で断りたいが、期待した通販会社からの正式な採用通知が来てない今、断るに断れないので、一緒に会ってその判断をしたい」という葉山の申し出であった。

牧村と葉山は品川駅の近くにある喫茶店で、葉山に執拗に電話をしてきた山崎と名乗る業者の到着を待っていた。今回が初対面でお互いに顔が分からないから、どうやって相手を見つけ出すか話し合っていると、葉山の携帯に電話が入りそれが山崎からであった。喫茶店の入り口のカウンター前にいて、白っぽいコートを着て黒いカバンを持っているので、見つけてくれとの内容であった。葉山は電話で話しながら席を立ち、入り口のカウンター方向へ向かい、途中で見つけた山崎を連れて席に戻ってきた。

山崎はある有名な通販会社に長年勤務していたが、事情があって今はコトブキ商会という社名で自分一人で動き回っていると、自己紹介の中で牧村と葉山に話した。この商品は知り合いのある業者の事務所で知り、当初はその業者から仕入れる予定で動き回っていたが、最近その業者と連絡が取れなくなり、企画書に書かれていたＡＢＣジャパンにお願いせざるを得なかったと、今回の執拗な電話の理由を話した。

山崎はこれまでアプローチした全通販会社のリストを提示した。それらは全て新聞を媒体とした通販会社であった。その中で、地方新聞ではすでに広告が展開されて１００組ほどの注文が来ているが、その納品ができなくて大変な状況になっているので、ぜひ助けてほしいということである。発注してある１０００組の手袋は数日内に東京港に到着するので、通関で何もなければ１週間ほどで納品できる旨を伝えて、支払い条件などを確認して山崎と別れた。

責任を持って販売すると言った葉山が一番喜んだ。牧村もグローバル号の出港後まもなくで下船を余儀なくされた当時のことを思い出し、これまでも相当の危惧を持っていたが、これでとりあえず安心させられた。山崎がアプローチした通販会社が地方新聞で広告展開をし始めて、期待以上の受注があったことが他の新聞媒体を主力にしている通販会社に知れ渡ると、そこは現金なもので、葉山の方へ順次採用通知の連絡が入り始めた。

しかし、この商品を500組ほど納品した段階で、販売中止にせざるを得ない状況になった。付属していた多数の電池パックに接触不良の欠陥が見つかったのだ。これ以上の納品はトラブルを有償で販売することになるため、葉山と山崎に相談して販売中止に踏み切らざるを得なかった。米国のエス・アイ社には詳細な報告をして、販売中止の了解を取った。しかし、一見不成功に見えたこの手袋の初輸入国内販売は、近未来の輸入国内販売を模索していた牧村に、参入を促す決定的なチャンスを葉山、特に山崎を通して掴むことになったのだ。そして、牧村がこれまで培ってきた鉄工所での経験、電子部品の取り扱いのできなかった3年間で取り扱った多種多様の商品から得た知識、電子部品の取り扱いで得た簡単な電気テスト方法の知識が、徐々に発揮し始めた。

(2) 消費税5%と資金調達

消費税が5%に引き上げられた平成8年4月に、牧村は工藤専務を司令塔にして輸出・車両部の全権を専務と常務に委ねて、輸入国内販売部門（通信販売会社への卸）の立ち上げを決意した。しかし、橋本内閣の消費税5%への切り上げは、バブル崩壊後の長きにわたる不況にやや明るさが差し、景気の底入れを感じさせた経済情勢を急変させ、さらなるより深刻な不況へと導いた。

平成10年の参議院選挙での大敗の責任を取って辞任した橋本内閣の後を引き継いで小渕内閣が誕生した。その小渕新内閣が発足する7月30日までの約2年間は、輸出と輸入の両輪が徐々に効率良く回転し始めるようになった。それにつれて、中古自動車および解体部品の輸出を担当する車両部には、海外からのお客をアテンドする営業社員も3名に増員され、その船積業務に携わる女性も2名になり、経理1名、それに牧村の輸入国内販売をフォローする女性1名の合計10名の人員となっていた。

昭和58年の設立以来の事務所のスペースでは到底全員を収めることはできず、国内部門を発足させた平成9年1月に約30坪の事務所に移転した。世間では平成の大不況と騒がれる中において、国内の取り引き先の目にはグローバル通商は華やかに映ったことだろう。特に車の買い付けに多くの外国人が出入りし、社員が英語で打ち合わせしている光景が日常なので、訪れた取り引き先には一層その華やかさを強調していたが、内情は5％の消費税と車両代金立替などでの資金調達に奔走する日々であった。

誕生した小渕内閣は、消費税5％への引き上げでより深刻になった不況から脱し、資金不足にあえぐ中小企業に対して20兆円規模に迫る大判振る舞いの金融安定化融資を平成10年10月から開始した。1社当たり5000万円を限度とする特別融資である。その申請時における審査もごく形式的なもので、横浜市の場合は一枚の指定用紙に必要金額とその理由などを記入し、後は担当官に口頭説明するだけで認可の判がもらえた。牧村は、同年12月にH信用金庫から3000万円、翌年11年3月にS銀行から2000万円の融資を受けた（しかし、借り換え融資であったために、実質融資入金額は双方併せて半分の2500万円ほどであった）。それの資金は車両部の消費税および車両代金立替資金に充てた。

輸入国内販売を躍進させた原因の一つに、A銀行のアプローチがあった。A銀行と取り引きを開始する1年ほど前から、若い営業マンが頻繁に顔を出すようになり、口座開設を要求してきた。しかし、当時は中古自動車の輸出のみでS銀行とH信金の2行で十分であり、たとえ新規の口座を持ってもまったく使用価値がなかったので断り続けていた。ところが、「手袋」の輸入販売が不成功に終了した翌年の春先に、A銀行の新たな営業マンが上司と一緒に来社して再度の口座開設の要求があった。

牧村がちょうど国内部を発足させた直後で、車両部と国内部の資金を区別する必要から、新しい銀行口座も必要かと思っていた矢先であった。しかもこの営業マンは、新規口座開設の見返りとして無担保で300万円の融資を持ち出してきた。返済条件は、毎月50万円の6カ月返済でどうだろうかとのオファーである。国内部は資金ゼロからの発足なので、この300万円の融資に釣られてその場で当座口座の開設と300万円の融資契約を決定した。

また、横浜市には市と神奈川県の二つの保証協会があり、それぞれ独立した機能を果たしていた。他県と異なり二つの保証協会があるため、他県の倍の融資申請ができる状態にあったのだ。したがって、今回の特別融資も市と県の両方での申請が可能で、申請が受理されれば合計1億円の融資を受けることが横浜市内では可能であった。しかし、この横浜市の特例は、他県からの苦情によって数年後に市と県が一本化されてしまい、その後の借入申請に対して超過融資扱いで苦慮することになる。

(3) A銀行から持ち込まれた最後の安定化融資と円高の功罪

平成11年の師走も半ばを迎えた頃、A銀行の担当者が突如来社した。担当者は高倉と名乗った。高倉の説明によれば、県と市の保証協会を調べてみたら、グローバル通商にはまだ５５００万円ほどの枠が残っている。しかもこの特別融資は来年3月いっぱいで打ち切られる予定にあるので、今のうちに限度額いっぱいの融資を受けられてはどうか、との提案であった。

牧村は、融資を受けてもよいと考えていた。今年のＨ信金でのＬ／Ｃ枠更新で２０００万円までの枠に増額してあったが、Ｌ／Ｃを開設すれば何かと銀行手数料もかかり、資金があれば電信送金での決済にしたかった。しかし、５５００万円は多すぎるので、車両部を統括している工藤専務に打診してみた。「借りた金で返済できれば、この際だから借りてもよい」との専務の返事だったので、高倉に国内部で３０００万円、車両部で２５００万円の融資申し込みの回答を出した。申し込み手続きは、師走の忙しい最中に行われ、翌12年の正月休み明けと同時に、合計５５００万円の資金が当座と普通預金口座に入金されていた。

グローバル通商の平成12年の幕開けは、この予定外の資金調達で精神的に余裕ある船出になった。しかし、牧村にこれまで以上に精力的に新商品の発掘を促したのは、前年（平成11年）12月には4年前の79・76円まで進んだ円高の再来と思わせる１ドル当たり１０１円台を付けた円高であった。

新商品発掘のため、毎年恒例的に春先に開催されている広州、香港、台湾見本市に出掛け、その年の8月いっぱいまでは新商品のテスト、企画書作り、取扱説明書作りで土曜、日曜さらに祭日までも返上しての、そして時には深夜の帰宅になる多忙な日々を送ることになった。牧村の頭の中は国内部のさらなる発展への努力しかなかった。しかし、そのような多忙な日々を送る中でも、気になることが常にあった。それは、輸出に悪影響を与える前年12月以来の円高である。

牧村が事務所の9階に下りた時は、いつも白いボードに記入されるその日その日の車の購入台数をチェックしていた。確かにこの円高で購入台数は減少しているが、車両部の一般管理費を賄える台数はまだ確保されていることに安心していた。また、ニュージーランド向けの中古自動車の輸出には、毎年何回かの波があった。それは為替変動によるものだったり、ニュージーランド政府の規制強化でもあった。

この輸出が始まった時は、規制らしき規制はなかったが、輸入量が増えるにつれてベルト規制、年式規制、走行距離計の検査の徹底などが打ち出されるようになった。そのたびにどうしても一時的な買い控えが生じ、元の水準に戻るまでに長い時は数カ月も要することもあった。そこで円高方向へ進み始めた初期段階では一時的な買い控えは生じるが、円高が円高で定着する俗に言う高値安定状態が続けば、徐々に買いの動きに変化するのがこれまでの変わらぬパターンであった。

広州、香港、台湾の見本市で発掘した数点の新商品も、提案した通販会社で採用が決定され、それらの商品の発注手配も終了した9月の上旬に、高槻に住む妹から電話が入った。今度の日曜日に家族全員で京都の貴船に食事に行くので、牧村にも来ないかとの、誘いであった。新商品の手配も終了し一段落した時なので、気分晴らしにと思いその食事会に同席することにした。日曜の午前の新幹線で京都に向かい、久しぶりに妹の家族と会い食事を楽しんだ後、その日の新幹線で横浜に帰った翌日の月曜日に、専務の工藤から、正月明けにA銀行から借り入れた2500万円が底をついたと告げられたのだ。

第12章　車両部の立て直しと小泉内閣の発足
（平成12年10月〜13年10月）

（1）米軍基地への車販売と9・11米国同時多発テロ

これまでの主要部門であった車両部を立て直すため、牧村は会社全体の資金管理と資金繰り、それに今まで任せてあった車両部の営業管理にも手を出さざるを得なくなった。それからの1年近く、新規市場の開拓、新規顧客の獲得にあらゆる手を尽くしてきたが、市場状況が余りにも悪く、手遅れの感があった。このような状況になった最大の原因は、海外からの圧力もあって中古自動車の輸出検査制度が完全に撤廃されて、抹消謄本1枚で輸出が可能になったことだと牧村は感じた。輸出検査制度が実行されていた頃はそれなりのノウハウが必要で、だれもができるような貿易ではなかった。

牧村の会社のピーク時では、車両部だけで6名が従事していた。しかし時が経つにつれ、抹消謄本1枚で輸出が可能になれば、若い社員は何らかの理由を付けて退社していく。独立するか、他の貿易会社で営業を始めることになった。日本の同業者の数が増えれば、当然客の分捕り合戦になる。悪いことに退社した若い社員は全顧客の情報を持っており、客を分捕るには取扱手数料を下げればいとも簡単に手中に収められるのがこの仕事の魅力であり、また弱点でもあった。ほとんどの中古車はオークションで調達され、そのオークションの参加手配をしているのがグローバルのような仲介貿易会社であった。オークションでは仕入れ価格が100％露見するため、仲介貿易会社の利益は1台いくらの手数料にすぎない。5万円の車も、100万円の車も1台当たりの手数料は同額である。また、オークションでの購入であるため、お客にとってみれば、その手数料額次第で仲介貿易会社はどこでもかまわなかった。

もう一つの外部要因は、新車の販売台数が落ち込んだことによる下取り車（中古自動車）の減少である。新車の需要が減少することは、中古自動車の需要が増加する傾向にあり、このダブル要因で中古自動車の市場価格が上昇し、海外のお客からの指値での購入が非常に困難になった。それもオークションでの購入のため、お客の指値で買えるか、買えないかのどちらかである。買えなければ、手数料もゼロである。しかも、指値よりも1万円高く落札できれば1万円が引かれた手数料が残り、「ゼロよりマシ」との感覚にならざるを得なかった。牧村はホワイト・ボードに記された台数を見て多少安心していたが、指値より高い価格で落札していたために実質の手数料額は相当落ち込んでいたのが実情であった。

この二つの要因が申し合わせたように合体して、最悪の事態を招きいれた結果が平成12年の9月上旬であった。しかもその後の状況はより厳しく、深刻に進んだ。

そこで牧村が立て直しに着手してから、徐々に成果が現れ始めて新しい市場が生まれた。それは神奈川県にある米軍キャンプ基地に勤務する米兵への販売であった。彼らは日本に赴任すれば、本国からわざわざ自分の自動車を赴任地の日本まで高い運賃を払って搬送するメリットはない。オークションでの現地調達が常識になっていた。オークションに参加するにはまず保証金を支払い、その会員にならなければならない。会員になるためには古物商の免許が必要である。したがって、基地で勤務する米兵がオークションで購入するには、牧村のような仲介業者が必要になるため、英語を解して信頼できる業者を求めていると確信した。

ところが、牧村には基地内で車の購入を希望しているお客を募る手立てがまったくなかった。その方法を調べているうちに、日本に駐屯する全てのキャンプ基地に週1回発行している新聞があることが分かった。とりあえず、その新聞に広告を出して動きを見守ることにした。数回の広告後、基地内で中古自動車を販売していた韓国人の女性と日本の女性からコンタクトがあった。いずれも米兵を夫に持ち、これまではパキスタンの業者と取り引きをしていたがトラブルが多く、ぜひスイッチしたいとの意向であった。

この仕事がコンスタントに展開し始めたのは、翌年13年の2月に入ってからだった。毎月の購入台数はコンスタントに上昇して、半年後の8月頃には月間40台前後をキープできるようになり、車両部の毎月の資金繰りも少しは楽になるかと期待するようになった。ところが、資金繰りと車両関係の業務で牧村の時間が取られて、国内卸の売上が極端に落ち込んだために、総合的な国内部の利益だけでカバー仕切れない最悪の状態が6月頃から徐々に現れ始めた。そのような不安を払拭させてくれたのは、「構造改革なくして、景気回復なし」をスローガンに華々しく平成13年4月からスタートした小泉内閣から次々と打ち出される経済政策、特に中小企業支援対策であり、牧村はそれに期待せざるを得なかった。

小泉内閣の景気対策に合わせ、牧村が国内卸の業務に復帰して本来の収益を確保し、さらにネット販売の収益を総合すれば、今の返済状況は完全にカバーできるのではないかと、工藤専務に相談した。そのためには、資金繰りという不採算時間から解放される必要あったので、6月に政府系金融機関から500万円を資金調達した。こうして、資金繰りから一時的に解放されるはずであった。

ところが、あの魔の9月11日がやって来たのだ。その日も、米軍キャンプの軍人3名をオークションに引率して、3台の車を落札した。そしてその晩、牧村はテレビの特別報道で「米国同時多発テロ」のニュースを知らされた。翌日、担当者に3名の米兵に連絡を取らせたが、キャンプ基地は非常事態に備えて外部との連絡が完全に閉鎖され、連絡の取れない状態になっていた。

結局、代金回収どころでなくなってしまい、翌週のオークションにかけて販売したが、落札金額の60%ほどしか回収できなかった。やっと軌道に乗った米軍キャンプの商売もこれで終焉を迎え、車両部の再建は不可能と牧村は判断した。そしてグローバル通商を完全に再建するには、この車両部を完全閉鎖する以外に手立てなしとの考えが深まった。

(2) 小泉内閣の経済政策

それまでの森内閣を引き継ぎ、「構造改革なくして、景気回復なし」のスローガンで過去最高の驚異的な支持率を誇って平成13年4月にスタートした小泉内閣は、経済諮問委員会を発足させて次から次へと景気対策、特に中小企業支援策を打ち出した。その内容に、牧村は期待し続けた。その8月のお盆休み明けに、牧村はS銀行で担当者と会った。

「グローバルさん、最近いかがですか?」

「円高と諸々の外部要因で、車の輸出は正直言って全滅ですが、米軍キャンプへの販売はまあまあといったところです。今は、何とかネット販売で生きているようなもんですよ」

「やはり、輸出はダメですか……。でも、他さんと比べると、グローバルさんはよく頑張っていますよ」

「ネット販売のお陰ですが、一番苦労しているのはマル保（保証協会付融資）で借りている毎月の返済です。返済額が少しでも減少すれば、本当に楽になるんですが、何か方法ないですかね？」

牧村は最近深刻に思っていることを、冗談半分に口にした。

「このような経済状況ですので、条件変更をする会社も最近は随分増え始めていますよ」

「条件変更って何ですか？」牧村は初めて耳にする言葉の意味を確かめた。

「返済条件を変えることです。ただし、変更後の条件があります。契約期間はそのままで、見通しが付くまでの期間の返済額を減少させますが、残りの期間が厳しくなります。それに、これを一度しますと、新規の融資は受けられません」

「えー。そんな方法があるんですか……。しかし、新規の融資が不可能ではあまり魅力はないけれど、一考の価値はありますね。簡単にできるんですか？」

「申請すれば、必ず受理されます」

牧村はS銀行を出てから、喫茶店で条件変更を実行した後のことを考えた。先々に確実な見通しがあればと考えても、この経済状況ではまったく確信が持てない。しかし今の苦境は打破できる。この苦境を乗り越えなければ将来はない。牧村はその足でH信用金庫に向かった。

そこで担当者に条件変更の件を話したが、断念せざるを得ない新たな条件を告げられた。それは、輸入貨物の支払いで利用している「２０００万円のＬ／Ｃ枠」である。条件変更をすれば、当然このＬ／Ｃ枠の保証にも関連し、L／C枠は契約解除になって今後一切L／Cの開設はできなくなるという説明だった。これではまったく意味がない。

しかし牧村は諦めきれず、H信金を通して保証協会へ長い1通の嘆願書を提出した。条件変更を実行してもL／C枠保証はそのまま継続にしてほしいという内容だった。これからの返済原資は輸入国内販売からの収益を充てる予定であるから、輸入できなくなれば今後の返済は100％不可能になると、昨今の経済情勢を含めてグローバル通商の現状とこれからの方針を切々と訴えたのである。ダメもとのつもりであったが、意外にもOKの回答を得た。しかし、現在の契約に限ってという条件付きであり、更新の可能性はその時の話し合いでとH信金の担当者から注釈を付けられたが、牧村の心の中では、しばらく状況を見てからの実行という気持ちに傾いていた。

9月に入ると補正予算が浮上し、TVや新聞などの報道で担当閣僚が「信用保証協会の保証枠の拡充」「返済の条件変更の特例措置」などを進めようとしていることが伝わってきた。牧村は迷った。今申請実行すべきか、補正予算が国会を通る11月まで待つべきか。それに、米国同時多発テロ、BSE（狂牛病）事件と世界を震撼させる事件が立て続けに発生し、旅行業界や食品業界（特に焼肉店）への緊急融資が政府系金融機関で受け付けられ始めた。

そのような状況下なので、牧村は補正予算で保証枠の拡充と条件変更が織り込まれると確信し、SとHの両行へ条件変更申請撤回の通知を出した。そしてそれまでの繋ぎ資金として、当面の返済が伴わない3年償還私募債を発行し、親、兄弟、友人などから1000万円を調達した。こうして、車両部の完全閉鎖をベースにグローバル通商の総合的再建に着手したのは、10月の下旬に入ってからであった。

第13章　グローバル通商再建3年計画（平成13年11月〜14年）

（1）車両部閉鎖での一般管理費削減計画

平成13年11月決算では、不可避的な外部要因で不採算化した車両部の影響で、膨大な欠損を計上して債務超過に陥った。しかし、牧村はその結果に関しては、まったく気にしていなかった。それよりも牧村が真っ先にしなければならないことは、毎月の借入返済額をいかにして確保すべきかであった。牧村がこれまでいくども模索した中で、不採算化している車両部の完全閉鎖は最後の方策として頭の片隅にあったが、朝早くから晩遅くまで頑張っている車両部の社員を見ていると、それを切り出す切り札が見つからなかった。できる限りの経費節減は当初より行っており、売上収益増大以外の妙案はなかった。皮肉なことに米国同時多発テロがその切り札になり、それを後押ししたのがＢＳＥ事件であった。

毎月の保証協会への借入返済額は会社全体で３３０万円あり、そのうち国内部の返済額は50万円、残りの２８０万円が車両部での返済額であった。したがって、毎月３３０万円以上の経常利益をキープできなければ、その不足分を調達しないと期日通りの返済が不可能になる。グローバル通商発足以来、牧村は全借入金に対してこれまで1回も、1日たりとも遅延させてない。1回でも、1日でも遅延があれば、保証協会からの新規融資は不可能になるからである。国内部負担の50万円には何ら問題はないので、車両部負担の280万円をいかに確保するか。それは、車両部の完全閉鎖で消滅する一般管理費で確保できる計算が出来上がっていた。

会社全体の毎月の一般管理費は600〜650万円ほどを要していた（車両部の全盛期の頃は800万円前後であった）。車両部の完全閉鎖で、まず役員2名と女性社員1名の給与が削減され、それに伴う厚生年金などの会社負担額、通信費として国際・国内の電話料、携帯電話料、社用車の放棄と月極め駐車料とガソリン代などその他諸々の小額経費、さらに消費税と購入車代の立替が生じなくなるのだから、その分キャッシュフローが改善される。さらに牧村は、徹底した経費削減を求めた。保険料、諸会費（車関係は当然のこと、銀行関係など）、お茶・コーヒーの廃止、コピー紙の両面使用、通信費の削減など、とにかく業務で不要と判断された経費全部を廃止・削減した。

車両部の完全閉鎖で、現在使用している10階の事務所の明け渡しも計画に入れていた。ところが、牧村が明け渡しの申し入れを大家にするや否や、大家の社長が来社し、何とか引き続きいてもらえないかと嘆願された。そのビルは1フロアが1室で10階まであり、すでに1階から4階までと7、8階も空室であった。ここで10階が明け渡されると7フロアが空室になってしまう。悲壮な顔での嘆願であった。牧村はグローバル通商の現状を説明し、経費削減計画の中にこの10階の明け渡しが入っており、これを実行しないと一般管理費300万円の目標が達成しない旨を克明に説明した。そこでしばらく無言で考えていた大家は、「いくらまで下げれば、いてもらえるか？」と尋ねてきた。牧村は、「ここを明け渡せば、ここにある貨物全部を外部の営業倉庫に移す必要があり、恐らく20フィート・コンテナ1本分ほどの量になる。その1カ月の倉庫代は大体8万円ほどなので、この程度であれば引き続きいられるのではないか」と話した。大家は1晩考えさせてほしいと言って、翌朝一番に管理費込みでの12万円を提示してきた。それまで10階の家賃は管理費を含めて約30万円であった。外部倉庫に貨物を移すことに何ら問題はないが、日々の個人向けの発送手配に支障をきたすことは確かであった。貨物を移せば、毎日その日に必要な貨物の倉庫からの引き取りが発生し、それに関わる時間と場所を考えると、提示された12万円は受けるべきと瞬時に決心したが、牧村はあえて少し考えさせてくれと回答した。

この家賃交渉で、牧村が目標にした一般管理費300万円構想は12月の中旬過ぎに実現可能性が確認でき、完全に300万円に達するには、これから約3、4カ月かかる目処になった。車両部の借入金は平成10年と11年にほとんど集中しており、その完済年は5年後の15年と16年になる。借入表によれば、15年の2月に小額12万4000円の返済が1本完済するが、それを含めて10月の33万4000円を第1目標、11月の50万円を第2目標、平成16年2月の33万3000円を第3目標に設定した。

そして、例の借入金である平成12年の正月明け早々に入金した国内部の3000万円と車両部の2500万円については、それぞれ50万円と41万7000円の返済が終了する平成16年12月末を最終目標にして、この返済をもって再建案が終了する計画を立てた。最終目標達成後の毎月の返済額は約100万円になるが、現在の毎月の売上収益で十分に賄える返済額になるために、この16年12月末を最終目標に設定した。

この段階で牧村の頭の中では、現在の売上収益からの最高許容返済額を150万円と計算していた。16年12月末の最終目標達成後の返済額100万円も、それから4年内に1本1本完済するために、第3目標達成後の資金調達の構図は出来上がっていた。

平成15年10月までの22カ月間を、変わることのない330万円プラス金利を毎月遅れることなく払い続けなければならない過酷な計画になったが、車両部の完全閉鎖による一般管理費の節減を約300万円のベースにして、後は国内部の売上収益を確実にキープする計画作りに入った。

(2) A銀行とのトラブル

平成14年4月以来、牧村にもう一つの厄介な問題がA銀行から持ち込まれた。A銀行で口座を開設してから14年3月までは本当によく面倒を見てくれたと、牧村は感謝していた。口座開設してから1年ほどで、2000万円のL/C開設枠を無担保で提供してくれた。そういうこともあって、牧村は他行の普通預金に預けてあった自分個人の700万円をA行に移して定期預金にしたが、何ら拘束されていなかった。また、会社としても300万円の定期を担保にして、その時、その時の資金状況に応じた短期借入に利用していた。

ところが、その3月末にA銀行へ行った時、それまでの担当者は4月からの転勤になるので新しい担当者に紹介されたが、5月の中旬に再度新しい担当者に紹介され、目まぐるしく担当者が替わっていくという奇妙な人事異動がA銀行で起こり始めた。ちょうどその頃、A銀行と×銀行の合併の話が持ち上がり、新聞やTVなどでもたびたび報道されていた。5月の中旬頃、最後に紹介された新しい担当者から電話があり、近いうちに一度来店という要請を受けたので、牧村は早速、最後の担当者、佐藤に会いにいった。

「グローバルさん、実は、御社の与信の件でお話ししたいんですが……」

今まで一度もこの銀行で聞いたこともない言葉を、牧村は耳にした。

「与信と言われても、借入金は保証協会の保証付ですよ。失礼ですが、L／C枠はお宅から持ち出されていただいたもので、そのお礼の気持ちで他行に入れていた預金をお宅に移行して、一応定期にはしてあります。与信、与信と言われることはないと思いますが、急にどうされたのですか？」

「問題は、当行で住宅ローンを組んでいるマンションが担保割れになっているんですよ。それで本部の方から、いろいろと言われましてね。ちょっと困っているんです」

と、とんでもないことを言い始めた。

「あのマイカルの物件ですか。あの物件はお宅の勧めで買ったものですよ。多少頭金を入れて、毎月15万円のローンで残り1000万ちょっとでしょ。どこが担保割れなんですか？」

「最近の土地の下落での担保割れなんです。それと、保証協会の保証と言われても、お金を出しているのは当行ですから……。また、輸出のL／C買い取りの方もありますし……」

と、次から次へと耳を疑いたくなるようなことを言っている。

「ちょっと待ってくださいよ。輸出のL／Cの買い取りなんて最初からお願いしてないですよ。何かの間違いじゃないですか？　これまで一度も輸出でのL／Cの買い取りの経緯はないでしょ。よく調べてから言ってください。それに土地の下落は分かりますが、毎月の返済ローン額以上の下落があるんですか？一体、いくらの担保割れなんですか？」

「マンションのローン残が、まだ最近の販売価格を上回っていることです」

「それで、どうしたいんですか？」

「御社の定期300万円をその担保割れに充てたいんですが……。そのご承諾をいただきたいと思って、今回お願いした次第です」

「ということは、もう300万の借入はできないことを意味しているんですか?」

牧村は、佐藤の言わんとしていることがやっと分かってきた。昨年11月に冬季ボーナス用として300万を借り、毎月50万の返済で今月完済したところでの今回の話である。何かそれを見越しての佐藤の話に感じられた。

「申し訳ないんですが、その通りです」

最近よく言われている貸し渋りだと、牧村は直感した。当然300万の借入は無理で、定期解約申し込みをしても担保割れを理由にして応じるはずがないと、諦めざるを得なかった。しかし牧村は、佐藤が言っているマンションの販売価格に関しては、どうしても合点がいかなかった。帰社したその晩、佐藤にすぐFAXを入れて、具体的にその販売価格を文書で知らせるように要請したが、まったく回答がない。数日してA銀行に電話を入れて佐藤に取り次ぎを願うと、他の行員の声が聞こえてきた。「私、矢口と申します。佐藤は部署が変わり、私が御社の担当になりました。それで、ご用件は?」と、まったく信じられない応対である。

牧村は、数日前に佐藤と話し合った内容を伝え、問題のマンションの販売価格を具体的な数字で、しかも文書で連絡してくれるように要求したが、矢口からは「調査した本部に確認する」との言葉だけで電話が切れた。それ以降、矢口からも一向に連絡がなく、牧村も資金繰りや通常業務に日々追われて、その関心も薄れていった。

ようやく10月に入り、問題のマンションの近くで不動産業を営んでいる社員の友人の一人から、「そのマンションの間取りと同一の1室の売却があり、1200万円で契約が成立した」との情報を受けた牧村は、その販売価格をFAXで矢口に知らせて300万定期の凍結を解くように要請した。電話で回答があったが、矢口でなくて今度は竹内と名乗った。竹内は、「以前どのように聞かれていたか分かりませんが、販売価格でなくて、当行の担保評価額で担保割れがあるということです」と、淡々と述べた。牧村は「矢口さんとお話ししたいんですが、また担当替えですか?」と皮肉を込めて伝えた。すると、「矢口は、転勤で私が担当になります。とにかく、担保割れですので、300万円はそれに充てさせていただきます」の一点張りである。

その電話の後、竹内宛FAXで同マンションの担保評価額を文書にて提出するよう要求した。ところがまたなしのつぶてで、業を煮やした牧村はアポなしで竹内に面会を求めた。びっくりした竹内は、「これは本部からの指示で、本部に聞かないと回答できませんから、翌日まで待ってください」との言葉である。その言葉を約束させてA銀行を出た。翌朝竹内から電話で知らされた担保評価額は、驚くことに、たったの200万円であった。この信じがたい評価額に対して、牧村はこれからの話し合いの証拠書類と考えて、文書で評価額計算内容を提出するように要請したが、これまたまったく回答なしである。

ちょうどその頃、グローバル通商は車両部の完全閉鎖を決意し、また補正予算の原案に組み込まれている中小企業支援案に期待して条件変更申出を撤回にしたため、極度の資金繰りに苦慮していた。それで、牧村はA銀行にある牧村個人の700万円の定期預金を解約して資金に充てようと考え、外為や融資課を通さないで1階の預金窓口でこっそりと解約の申出をしてみた。すると、窓口の女性行員がコンピュータに何か打ち込んでから、申し訳なさそうに「すみませんが、一度外為か融資課の方で相談してくださいませんか」と牧村に告げた。牧村の700万円も押さえられていたのだ。牧村はその足で2階に上がり、竹内に面談を求めて、700万円の定期の解約を申し出た。

「牧村さん、申し訳ないんですが、本部の指示でこの700万円の定期も、担保割れとL／C開設枠の保証に充てられております。L／C開設枠に関しましては、当時の担当者の記録によりますと、L／C枠の担保に同意したと記されておりますので、その双方が解決されない限り、解約は難しいですね」

またまた晴天の霹靂の言葉である。確かにこの700万円を定期預金にした後、大きな注文が入り当時のL／C枠を超えるため、担当者と相談してこの追加L／C金額の決済が終えるまでの担保としてこの定期預金を差し出したことはあった。しかし、竹内が言うような約束は、当時の担当者とは何もしてないと言い張ったが、竹内との押し問答で終わってしまった。そこで竹内に、マンションの担保評価額の計算内容ないしは方法の回答をまだもらってないことを告げると、竹内は「当行独自の計算方法のために、教えられない」と味も素っ気もない一言である。結局、この方法での資金調達が途絶えた牧村は、当面の繋ぎ資金として即返済の必要がない私募債での調達に切り替えた。

自分の力ではこれ以上A銀行との話し合いは不可能と牧村は考えて、友人から紹介された弁護士にこれまでのA銀行との経緯を説明した。そして、「これは不当担保評価による不当拘束に当たるから、先生の方から交渉できないか」と相談した。弁護士は「これは明らかに貸し渋りと貸し剥がしの典型的なものだ」と言い、すぐに内容証明書を送達するので支店長の名前を調べるように指示された。しかし、その支店に直接問い合わせるわけにもいかず、本店に問い合せて苗字のみを弁護士に伝えた。ところが、フルネームでなければ意味がないと、直接弁護士が支店の担当者に電話を入れたことで行内は大騒ぎになってしまった。牧村にはすぐにその支店の次長から呼び出しがかかった。牧村はこれで少しは緩和されるかと期待して、夜7時頃支店に出向いた。

牧村は別室に案内された。コーヒーを運んできた女性行員が「次長はすぐまいりますから、しばらくお待ちください」とあいさつして部屋を出るのと同時に、次長が入室してきた。そして、ソファに座るや否や、「牧村さん、一体何をしているんですか、弁護士を入れるなんて」と、ちょっと狼狽を隠せない様子で開口一番に言った。

「何をしたってと言われても、マイカルのマンションの担保評価がたった200万では到底信じられなく、それで竹内さんにその計算内容か方法を教えていただくように再三お願いしましたが、要領を得ないご回答だったので、やむを得ずといったところです」と、率直に答えるしかなかった。

「だからといって、弁護士を入れるとは……。ご承知かも知れませんが、当行もいろいろと事情がありまして、どうしても本部の指示で動かなければならない案件もあり、正直申しあげて、御社の件もその一つなんです。ですから、穏便にお願いしたいんです」と、神妙な顔つきで述べた。

「今槍玉に上がっている銀行の不良債権問題、そしてお宅の銀行では合併問題もあって状況は分かっておるつもりです。しかし、うちにもうちの事情があり、今回お宅が取られたいろいろな措置は、うちにしてみれば死活問題ですよ。本当に200万の担保評価しかないんであれば、それはそれで仕方がなく諦めもつきます。しかし、実際は1200万前後で売買されていますのに、それがなぜ200万なのか信じられないのです。ですから、その計算内容とか方式を教えてほしいと言っているだけです。貴行独自の計算方式なので教えられないとの回答では、到底納得できません」と、何とか色よい返事をもらおうと、必死に説明した。

「牧村さん、分かってください。前期の決算で赤字を計上しましたよね。それが発端なんです。大した金額でなくても、赤字は赤字なのです。でも、御社に対して当行も十分頑張っていると思いますよ。700万の定期に対して2000万以上のL/Cを開設しているではないですか……。それで、これは私の個人的な案ですが、マイカルのマンションを売却したらいかがですか？　売却できれば、300万の定期はフリーになります。無論、未決済分のL/C全額が決済されれば700万もフリーになります。ぜひ、考えてみてください。そして、弁護士の方は、何とか勘弁してください」

牧村は前期の赤字という一番痛いところを突かれて、反論の余地をもぎ取られたような状況になった。畳み掛けるように次長は引き続き、

「あのマンションは当行と関連のある不動産会社の扱いで購入されていますので、もし、売却のご意思があれば私の後輩がそこにいますから、何とか好条件で売却できるように指示します。その時は、ご遠慮なく言ってください」

と、次長はこの件はこれで終わりにしましょうと思わせる仕草を取った。

牧村はすでに3カ年再建計画に着手しており、これからのキャッシュフローで1円でも負担を下げることを考えると、マイカルのマンションの売却でローン返済の消滅も必要と考えた。300万の定期は来月で満期になるが、使用できる状況ではなくなっていた。満期を迎えると同時にマンションの返済に回した方が得策と判断し、マンションの売却代金と300万円の定期をローン返済に充てる旨をA銀行の次長へ

電話で告げて、それらの処理を依頼した。

その後、グローバルの担当者が再度替わり、これで7人目である。マンションは翌年の2月に、消費税込みの1200万円で契約が成立したが、買主の都合で決済は3月の末日になった。マンション・ローンの残額精算と3月の保証協会からの借入返済で、1200万円はその日に消えた。

700万円の定期も、冬物商品で仕入れたL／C決済に充てられ、牧村は自分の口座に入れる代わりに、会社の口座へ社長からの預かり金として入金した。そして、A銀行の口座は借入返済口座として使用する以外それ以降は使用することはなかった。

平成14年3月に車両部に従事していた女性が予定通りの退社になり、これで一般管理費削減計画は終了した。3月までの約5カ月間は本来の業務を二の次にしていた。オークションセンターへの脱会手続きと保証金の返還手続き、A銀行との交渉、中古連（日本中古自動車販売協会連合会）からの脱退手続きと出資金の返還交渉、それに車両部が残した不良債権の回収交渉などに100％集中させ、毎月確実に現れるコスト削減に専念することが最良方策と判断したからである。

（3）L／C枠更新の危惧がもたらした功績

平成13年11月の決算で債務超過になったために、H信用金庫とも新たな問題が生じ始めた。返済条件変更の申請を撤回しても、債務超過になった以上は翌年4月1日のL／C枠の更新の可能性が危ぶまれていると、H信金の担当者に言われた。したがって、L／C決済が5月以降になる新規のL／C開設は受けられないと言ってきた。

牧村は、国内業者の支払い期日条件から計算して、90日のユーザンス（支払い期限猶予）を取っていたので、最終貨物到着は遅くとも1月末になってしまう。4月1日の更新契約ができるまでは、商品の買い付けが不可能になった。また、契約更新ができるか否かの最終確認が取れるのは3月末あたりで、その確認が取れるまでは発注もできない状態である。それで、牧村はこの間を利用して新商品の発掘に集中して、これはと思ったいろいろな見本を台湾、香港、中国から取り寄せて4月1日以降の発注に備えることにした。

この状況はネット販売にも影響を与えた。前年末まで自社輸入商品を中心にして販売していたが、この状況に陥ると新規の入荷がなく、売るものがない状態になった。牧村は業販卸（輸入業者から通販会社への仲卸業者）の親しい業者に通販業界で今売れている商品の卸をお願いして、ネットで売るようにした結果、それまでの約500～600万円の月商が800～1000万円にまで増大したのだ。何が功を奏させるか分からないものである。

しかし最大の問題は、毎月課せられている330万円＋利子の返済である。特に5月末頃までは新規の入荷がなかった業販卸の売上が極端に落ち、牧村からの700万円の預かり金もそのショートに充てられていた。H信金の担当者の懸命な保証協会との交渉で、4月1日のL／C枠更新契約の最終確認が取れたのは3月の末日であった。牧村は水を得た魚のように、それまでに準備していた商品を発注して、次から次へとL／Cを開設し始めた。最初の貨物は5月の下旬から到着し始めて、会社全体がにわかに忙しく動き始めた。

平成14年の前半は、牧村が経費削減、A銀行の不当評価による不当拘束と思われた措置によるマンション売却などで大半の時間を消耗されたうえに、L／C枠更新の不確実性による発注業務の停止などで5月末の試算表では約500万円の赤字計上が余儀なくされていた。11月決算では絶対に黒字転換にさせることが、牧村に課せられた使命であった。

自社輸入した商品を通販会社へ卸すよりも、ネットで販売した方が卸価格よりも高く販売できる。牧村はネット販売の社員と相談してネット販売専用の商品の選定をした。選定した商品は電動式のラジコン・ヘリコプターであった。精巧なわりに値段も手ごろで、ラジコン飛行機のように広い場所も要求されず、小さいお子さんでも安全に遊べるとあって、子ども、孫へのプレゼントにも適しているとの判断であった。横浜港到着予定が9月20日なので、発送可能日を5日後の25日に設定し、9月の上旬から予約販売をネットショップに出した。メルマガで週2回から3回ほどこの商品を集中的に紹介した結果、貨物が横浜港に到着する20日には、完売状態に近い注文が入っていた。

納期に1カ月以上要するため11月に再度同数をトライして、11月の決算では最終収益として約500万円を計上することができ、牧村の使命は果たされた。

第14章　第1、第2目標に向かって（平成15年1月〜4月）

（1）向こう1年間の資金需要

前年（平成14年）11月決算での500万円の最終収益は、債務超過を消すにはまだまだ不十分で、遅くとも平成15年期の決算では残された債務超過を完全に解消することが、牧村の最大使命として課せられた。そのためには、最低でも最終収益で1900万円以上を計上する必要がある。しかし、前年の後半期（6月〜11月）の売上収益を見れば、実質的には半年で1500万円以上の収益を出していたことになる。しかも前半（12月〜5月）では500万円の損失であり、さらに決算時に車両部の架空在庫や処理できる不良債権を処理したうえで最終収益が5500万円になっていることから判断すれば、今期で1900万円以上の最終収益を残すことは、無理な話ではないと、牧村は思っていた。

再建3カ年計画の1年目を終えると、月間一般管理費300万円が確実に定着し、そして昨年前半でのL／C枠更新問題で国内仕入商品取り扱いのチャンスを得たネット販売の月間売上も平均800万円以上が定着した段階で、牧村の収益配分案は固まった。グローバル通商の売上収益（売上額から商品仕入額と一般管理費を除いた仕入諸経費と売上販促費を差し引いた残額）は、一般管理費と借入返済に充てられる世間一般と同様の内容である。ネット販売の売上収益率は40％前後で、800万円の売上で300～320万円の収益が見込まれる。一般管理費の支払いをこのネット販売の収益で確保する計画は、当初から変わっていない。

問題は、毎月の借入返済額330万円＋利子の支払いに、牧村が担っている業販卸の収益を充てる計画である。業販卸の売上収益は、商品によって異なるが、見積上は仕入金額の約2倍が卸価格になっている。したがって、この返済額を確実に確保するには、月間売上を最低700万円以上にキープしなければならない。車両部問題が発生する前の売上状況ならば、何ら問題のない売上金額であったが、問題発生直後は諸々の問題処理に限られた時間を消耗されたために、再建1年目の段階ではその水準に達してなかった。

2年目の最大の課題はいかにしてその水準に、それも1カ月も早く達成させるかにあった。それを達成させる第1条件は、資金繰りという不採算時間から一刻も早く解放されることであり、そのためには、どうしてもさらなる資金調達が必要になってきた。それも、必要額ギリギリの資金調達でなく、相当余裕のある調達でなければその効果は期待できない。

牧村は、平成15年の正月休み中に、第2目標までに要する余裕ある資金額の計算をしてみた。1月から11月までの11カ月で返済資金としての必要額は約3630万円になり、業販卸から見込まれる月間売上額を多少少な目に見ると約500万円で、その収益も少な目にみて200～250万円になる。その総額は2200～2750万円となるから、不足資金は大体1000～1500万円ということになる。しかし、この金額範囲の調達はあくまでもギリギリの調達であり、その時のキャッシュフローの状況ではさらなる資金調達が要求される可能性が出てくる。そうすると、また資金繰りという不採算時間を作ることになり、元の悪循環を繰り返して改善されるどころか借入金を増大させるだけの結果になる。

そこで牧村は、第2目標達成までの余裕ある必要資金として2500万円を弾き出した。2500万円を最長の7年返済で契約できれば、毎月の返済額は30万円＋利子となる。第2目標までの11カ月の返済総額は330万円＋利子なので、借りた2500万円から返済してもまだ2150万円は手許に残り、まだ十分対応できる金額である。

そのうえ、この資金で第2目標達成までに資金繰りという不採算時間から解放されれば、業販卸の本業に100％専念できる。それにより業販卸の売上目標700万円を確保できれば、さらには700万円を上回れば上回った分の収益が返済金に充てられる。この好循環を確立するために、急いで2500万円の調達方法をＨ信金に持ち込んだが、いつものようにいとも簡単に「引当金が増えるだけ」との理由で断られた。

2月に入って間もない頃に、商工会議所から1通のＦＡＸが入った。横浜市による中小企業向けの特別融資の説明会の案内であった。早速、その説明会に出席すると、詳細内容は借り換え融資についてであった。市の保証協会から借り入れた分を、銀行を問わず一本化してそれを与えられた計算方式で算出された金額での融資申し込みができるということであった。牧村がその計算方式で計算してみると、これまで算出した余裕のある必要資金の2500万円を上回った2600万円が算出されたのだ。しかも申請条件はクリアしているので早速申し込みの準備に入ったが、メイン銀行のＨ信金で拒絶された今、申請する銀行窓口がない。

どのように申請しようかと牧村が模索している時、A銀行の最後の担当者がインターネットバンキングのバージョンアップのインストールのため、その専門家と一緒に来社した。インストールが終了するまでの間、牧村はその担当者と会談のチャンスを持ち、今回の特別融資で2600万円の借入申請が可能であることを告げ、そして再建1年目の成果と2年目の計画、それに伴う余裕ある資金の必要性を詳細に説明した。昨年の担保割れトラブルの件でわだかまりが双方にあったが、説明を聞き終えた担当者は快く申請窓口を引き受け、その準備に入ってくれた。

しかし、申請後に重大な問題が発生した。借り換え融資のため、過去の保証人と同一保証人が要求されていたのだ。過去の借入は全て車両部での借入であったため、専務の工藤がその社内保証人であった。ところが車両部の完全閉鎖で工藤には退社を願ったため、この件で再度の引き受けを依頼できる立場でも、状況でもなかったのである。そこで、ネット関係の社員を役員に昇格させ、その社員を保証人にしての申請になっていた。ところが保証協会は、同一保証人が必須条件になっているので、同一保証人が不可能であればこの特別融資も不可能であるとの結果から動こうとしない。A銀行の担当者と相談した結果、一般枠であれば1000万円が可能との確認を取り、前途多難を暗示する1000万円の調達になった。そして、牧村は、不足額の1500万円の他の調達方法の模索を余儀なくされた。

(2) ビジネス・ローン

平成15年の2月頃から、どこでどう調べたのか分からないが、街金らしきところから営業のFAXが入るようになった。FAXに書かれた利率は、年利で20%から26%ほどである。「一括、分割OK」と書かれて、

３００万円の借入に対しての60回分割払いの支払いメニューも記されている。

それと同時に、都市銀行からもビジネス・ローン紹介のダイレクト・メールが郵送され始めてきた。都市銀行のビジネス・ローンの申請条件を読んでみると、いずれの銀行も「債務超過でないこと」が必須条件になっていた。ということはグローバル通商にはその申請資格もないことになる。しかし、確かに前々期で膨大な赤字を出したものの、その原因は明確になっており、そして前期はその赤字の原因を全部駆逐している。債務超過を消すことはできなかったものの５００万の最終利益を計上して、今は完全に再建への方向にある。

牧村はとりあえずダメもとでそのうちの1行に、「確かに弊社は債務超過の現状にあるが、その債務超過にさせた原因は完全に駆逐され、前年の決算では黒字を計上した」旨を記し、そして要求されてない現状の試算表を添付して申込書を郵送してみた。しかし、やはり債務超過との理由で受け付けられなかった。結果的には、ダイレクト・メールが送られてきた全ての都市銀行へ、同様の形の申請書を送ってみたが全て同一のお断りの回答であった。

ところが1行だけ、電話でお断りの回答をしてきたところがあった。その担当者の説明によれば、短時間の審査で結論を出すため、審査ソフトが組み込まれたコンピュータでの決定になり、債務超過であると入力してしまえば全て「ＮＯ」の回答がアウトプットされてしまう。我々はそれに沿って回答をしなければならないことを了承してほしいと、親切な結果報告であった。そしてその担当者は、「グローバルさんが計画通り今期で完全に債務超過をクリアされれば、ぜひ来年もう一度申し込んでください」と結んだ。

しかしこれで、牧村の通常金融機関からの資金調達は途絶えられたことになった。３月に入ると、牧村が予測したように1000万円の調達額ではすでに悪循環が始まりかけたように感じてきた。翌月ないし翌々月の資金繰りの心配が出てくる。ネット販売の場合は銀行振り込み、代引き、クレジット・カード決済のため現金回収が早いが、業販卸の場合は100%の定時払い（末〆の翌月末から翌々月5日から10日の払い）になっているので、大体2月先までの入金状況が把握できるからである。特に通販業界の売上は、1月半ばから3月中旬までは1年を通して一番落ち込む時期で、3月から5月にかけての入金額が少ない時期に当たるのだ。

（3）街金業者と初の交渉

街金らしきところから、いまだにたびたびＦＡＸが入る。全ての金融機関から資金調達の可能性が閉ざされた今、牧村は後学のために一度街金の話も聞いてみる必要があるかもしれないと考えた。場所は、神田から上野あたりが多い。そのために出掛けるまでもないので、取り引き先のリオン社やエクセレント社へ出向いた時に立ち寄ってみようかと思っていたところ、意外とそれが早くやってきた。

上野あたりから来ているＦＡＸを探し出して、その街金らしき会社へ電話を入れた。意外と丁寧な口調である。牧村は、「御社からＦＡＸをもらい検討しているので、御社の融資条件を確認したい」と告げた。そうすると先方は、会社概要、売上金、収益額、社員数などいろいろと質問してくる。牧村は、「将来必要となった時に備えての事前情報を求めていて、御社の融資条件だけを知りたいだけである。うちの会社情報はその時回答するから、そちらの具体的な条件を教えてほしい」と内容説明を求めても、先方は「ＦＡＸ通りです」と答えるのみなので、電話を切るしかなかった。

牧村が電話を切ってしばらくすると、今話した担当者から折り返し電話が入った。「簡単な申込書をFAXするので、必要事項を書き入れて返信してくれれば、1時間ほどで仮審査の結果を連絡しますのでお願いします」と執拗に要求してくる。それに同意してFAXを待った。FAXされた申込書に必要事項を記入し、希望金額を一応100万円で分割払いと追記して、返信する。すると1時間ほどしたらその担当者から電話が入り、「融資は可能で、最高300万円までOKとの回答が審査部から出ています。その範囲内であれば、いつでもその日に現金を用意するので、今日でもOKです」との返事であった。その条件通りであれば、牧村にはまさに夢のような信じがたい話だ。このような資金の調達方法が可能であれば、これまでの苦労は何だったのかと思えた。この業者名はメリットといい、担当者は大竹と名乗っていた。

牧村は念のため、秋葉原の業者である大成にも電話を入れてみた。そして、同じような手続きで審査結果を取った。この業者の最高額は200万円であった。しかし、利子の確認をすると「FAX通り」の一辺倒で、具体的な数字は出てこなかった。

この2軒と交渉した後から、新しい業者からのFAXや電話が入るようになった。どこでグローバルの名前と電話番号を入手したのか尋ねると、ほとんどの業者はある有名な信用調査会社などの名前を挙げて、そのリストからグローバルの会社情報を得たと答える。確かに、牧村の会社はそこに登録され、毎年更新されている。

それから数日して、上野駅近くに位置する通販会社のエクセレント社から、明日、見本と企画書を持参してくれとの電話が入った。先日電話したメリットの住所も上野になっていたので、この機会にどのような業者か確かめるため、メリットにも立ち寄ってみることにした。そこで大竹に、明日午後2時から3時にうかがう旨の電話を入れ、そして上野駅から事務所への案内地図をＦＡＸしてもらうようにしておいた。それと参考のために、１５０万円を10回払いにした時の毎月の支払い額も一緒にＦＡＸするように頼んだ。余りにもかけ離れた返済額であれば、何か理由を付けてアポを取り消すつもりである。ところが1時間以上待ってもＦＡＸの返信が来ないので催促の電話を入れると、大竹は「今、計算しているので、もう少し待ってくれ」との返事である。結局、それから1時間ほどしてやっとＦＡＸが入った。全て手書きである。地図を見るとエクセレント社とそれほど離れておらず、大体の見当がついた。肝心の返済額も元金と利子が別々に記されていて、年率26％で計算されている。それと一緒に、融資実行のための必要書類の内容と実印の持参を促している。

翌日、正午前に予定の打ち合わせを終わらせて、エクセレント社の社長とちょっと遅めの昼食をとった後メリットへ向かった。2時少し前に到着し、大竹との面会を求めた。室内は細かくパーテーションで区切られて、いくつかの小部屋になっている。そしてロック調の音楽が部屋全体に鳴り響いている。耳障りな音楽である。案内されたテーブルに着くと、男性二人がすぐ現れた。

「グローバル通商の牧村社長さんですか?」と、一人の男性が尋ねた。

「そうです。大竹さんですか?」

「大竹は急用で、社長が来られる前に、お客さんのところへ出かけ、帰りはちょっと遅くなりそうなので、私、村田が担当させていただきますので、よろしくお願いします。それで、書類の方を見せていただきたいんですが」

意外と丁重な言葉である。初体験である牧村は言われるままに、持参した書類をテーブルに置きながら、一方的に会社の概要や、そして、「今日は上野で打ち合わせがあったので、ついでにメリットの取り引き条件を確認のために来た。持参した書類は完全にまだ揃っていないが、会社の売上表を中心に持ってきたので、今日は今後の取り引きの打ち合わせをしたい」旨を伝えた。そして続けて、

「大竹さんから、このリストをFAXでいただいているんですが……。150万円の借入に対する10回の返済額表です。この通りやっていただけるんですか？」

と、提出した書類をチェックしている村田に問い掛けたが、無言でチェックを続けている。一通りのチェックを終えた村田は、顔を持ち上げて、「社長さん、ちょっとお待ちいただけますか」と言って、二人は奥の方へ入っていった。例のロック音楽で内部の話はまったく聞こえない。5分ほどで戻ってきた二人は、

「社長、上司と話し合ってきたんですが、大竹が書いた分割融資の前に、信用付けでいくらでもいいですから1回付き合ってもらえませんかね」

「信用付けって何ですか？　具体的にどういうことですか？」

「社長、今回初めてでしょ。それに保証人、担保なしでしょ。10万でいいですから1回やっていただいて、その決済が終えたら分割返済を検討しますから。やってくださいよ」

「さっきも言ったように、今日は借りに来たんではないんです。参考のために聞きますが、10万借りていつ返すんですか？　それで利子は？」

「信用付けですから、10日で3万を先取りです。手取り7万で、10万返してくれればいいんですよ」

「分かりました。今日は話をうかがいに来ただけですから、資金が必要になったらまた連絡させていただ

きます。すみませんが、お渡しした書類をお返しいただけますか?」

と、牧村はテーブルの上に置かれた書類をカバンに戻し始めながら言った。村田はその後も執拗に信用付けを勧めたが、牧村は断ってメリットの事務所を出た。

帰社への車中で、村田が言うように信用付けの融資をすれば大竹が言った分割融資を受け入れてくれるのだろうかと考えてみた。村田は「検討する」とは言ったが、「実行する」とは言わなかった。はっきりしたものはなく今一つ釈然としない。もう少しはっきりさせるためには、あと数社と話し合ってみる必要があると思った。

3月に入って牧村は以前にまして、東京へ出る機会が多くなった。ネット販売の社員から新商品としてダーツの提案があった。社員によると「この年のお正月番組で有名な若手タレントがゲームでダーツを使ったことでにわかにブームになり始め、ダーツバーが結構忙しくなっているから、売れるのではないか」との提案である。牧村はインターネットで台湾のメーカーを探し、ネット販売に載せると同時に数社の卸業者に紹介したところ意外と反響がよく、その打ち合わせで出る機会が多くなった。

その日も秋葉原のリオン社からダーツの写真データを大至急届けてくれとの依頼があり、牧村はCDロムに焼き付けたデータをリオン社に届けるついでに、もう1社の大成で条件などを確認するために、立ち寄ることにしてみた。ちょうど秋葉原駅からリオン社へ行く途中にあり、事務所はすぐに見つかった。

大成の条件もメリットと似たり寄ったりであった。電話で確認したある程度の長期分割は客を呼び込むためのセールストークで、立派な短期業者であった。しかも15日で20%の世界で、初回は5万ないし10万。これを繰り返せば増額は可能で、5、6回繰り返せば、100万くらいの融資はできると、まったく話にならない条件であった。メリットと同様に短期の借り入れを執拗に迫られたが、牧村は「今後の参考のために、条件などを確認するために来ただけだから、必要が生じたらお願いします」と振り切って事務所を出た。この2社を回ってみて、この種の業者はどこへ行っても似たり寄ったりの条件で到底利用できるものではなく、この筋の調達方法は諦めるしかないと牧村は思った。

牧村が上野と秋葉原の業者を訪れてからこの種のFAXが多くなってきた。営業の電話も直接かかってくるようになった。FAXの内容からすると、電話ではもっともらしい条件をシャーシャー述べているが、実際に会えばまったく異なった条件を提示してくるのが落ちと思い、来たFAXの裏面をコピー紙にしていた。

(4) 最後まで惑わした業者の出現

牧村はかかって来た電話に応対することはなかったが、朝9時前後はやむを得なかった。まだ社員がだれも出社してないからである。3月下旬のある日、9時過ぎに電話が鳴るので、受話器を持ち上げて「グローバルです」と応対すると、「牧村社長さんですか?」と、いきなり言ってきた。そして、東洋の山守と名乗った。「鶴見に事務所を持つ中小企業の皆様方に金融支援をしている金融会社で、今日横浜の方へ営業に出るのでうかがってよいか」とのアポの電話であった。出かけるのではなくて来てくれるのであれば、話を聞くだけ聞こうと牧村は思い、来社を承諾した。

その山守は午後3時に来社した。名刺には「有限会社東洋」と社名が書かれている。牧村は、最近この手のFAXや電話が多くなっているが、どこでグローバルの会社情報を得たのかと尋ねると、山守は「信用調査会社、商工ローン、それにこの種のリストが市場で売買されており、うちも新規顧客を確保するため、そういう情報を会社で買っている。そして特に、最近は銀行の貸し渋りや貸し剥がしがひどいので、お客から直接申し込んでくるケースも多くなった」と語った。牧村にはこれまでの2社の経験があるので、とりあえず、山守の話を先に聞くことにした。

「社長さん、当座をお持ちですよね。お持ちでしたら、小切手の差し入れで、最高100万を限度にして6カ月分割返済です。分割金額と期日を社長の方で決めていただき、その小切手を期日ごとに切ってくればOKです。利子は年9%です。できれば3日ほど前に必要金額と支払い日とその金額を連絡してくれれば、利子計算をして融資金額を連絡したうえで、小切手到着当日に指定口座へ振り込みます。分割返済ですので、返済額は再度利用できます」

興行師が口上を述べるように立て板に水であった。恐らく、1日に何回もこの口上を繰り返しているんだろうと、牧村は思った。

「山守さん、まだ、うちの会社を調べないで、そんな条件を出していいんですか?」

「もう調査は終えております。グローバルさんは商工ローンを利用したことがありますよね。もうそこで調査されておりますので、融資が出たということは、審査でOKが出ていることですから。それと、信用調査機関のデータも拝見しておりますので……。もし不適当であれば、何も営業に来ませんよ」

と山守は笑みを浮かべながら、なにやら書類関係を取り出し始めた。

「山守さん、まだ契約するつもりはありませんよ。もし、契約するようであれば、ぜひ、うちの会社を見てほしいんですね。10階を一応倉庫で使っておりますので、とりあえず、一度見てくださいよ」

と言って、牧村は山守を10階へ案内した。10階には、香港、台湾、中国から輸入された一部の貨物と国内仕入商品で、ほとんど毎日出荷される貨物が置かれている。なくなれば外部の営業倉庫から10階へ移すこと、また今一番売れているヒット商品などを山守に説明した。牧村は説明しながら、金額的には満足しないが、この条件が本当なら、融資を受けてもいいのではないかと思い始めていた。

9階に下りると、山守はグローバルの決算書や売上表に目を通し、

「社長さん、今、契約だけを取り交わしておけば、融資はいつでもＯＫですよ。もし、会社謄本、会社と個人の印鑑証明書がなければ、借入する時に用意していただければＯＫで、今日は、この書類に社判と実印をもらっておけばいいんです。どうですか、社長さん」

と、勧められて、牧村は契約だけを取り交わすことにした。山守は「融資を申し込まれる時は自分が来るので、謄本を1通と会社と個人の印鑑証明書各3通、それに支払い日に合わせた小切手を用意しておいてほしい」と言い残して帰った。山守が帰った後、探せばこのような会社もあるんだと思い、もう少し辛抱強く探せば、他にも絶対にあるはずだと確信した。電話があれば応対し、来社に応じてくれればその分業務に支障をきたさないうえに、会社内容や商品を見せて、有利な交渉ができるかもしれないと思った。

ふってわいたような東洋の一件で「探せば、ある」の確信を得た牧村は、これからの資金繰りに多少の安堵感を得て、その分業務に専念できた。ダーツが思いのほか好調である。第1便の３００台が到着した。ネットの予約販売で入庫当日に１５０台の出荷である。宅配会社の倉庫に入庫させる手配をとり、ネット販売の男性社員2名と一緒にトラックの到着を待機していた。牧村が同行した理由は、業販卸で同様に95台を量販店へ出荷するからである。

場所は横浜の港湾業務で賑わう新山下地域の一角であった。トラックの到着を待つ間、何をすることもなく倉庫の片隅に座って遠方をぼんやり眺めていると、こんなところに通るはずもない霊柩車が一瞬目の中に入った。牧村はこの霊柩車との遭遇に、5年前に突然の白血病で亡くなった女房の葬儀以来、近未来を暗示するあるこだわりを感じていた。そして、このダーツがこれまでのヒットした商品のように、今年の商品になるのではないかと暗示させられた。

第15章　第2目標まで、あと半年（平成15年4月〜8月）

（1）亡くなった妻への感謝

平成13年9月上旬、専務の工藤から2500万円が底をついたと告げられていたその9月末の返済分をカバーするため、牧村は自分の預金から300万円を預け金として会社へ入れた。牧村は平成10年3月に、1年間の闘病生活を余儀なくされた女房を亡くしていた。亡くなる前の3カ月は見るに耐えないほどの凄まじい死闘であった。自分がここまでやって来られたのは、この女房がいてくれたお陰だと、忘れることなく頭の片隅にこびり付いていた。これから恩返しができると思える業績になった時に、医師からの宣告は「奥さんは急性白血病です」との残酷な一言だった。

女房は自分自身で生命保険には加入してなかったが、牧村の生命保険の「妻の死亡保険」の特約付きで受け取った分と隠された預金などが見つかり、結局約2000万以上の現金を残してくれた。平成13年9月末の300万円から始まって、約1年半の間にこの2000万円以上の現金は、スムーズな業務維持のため会社に注ぎ込まれて、牧村の銀行預金残高は数十万円を残すのみとなっていた。自分の銀行預金を単に会社預金に切り替えただけなので、この3カ年計画終了後はキャッシュフローを見ながら元の鞘へ戻すつもりでいたが、牧村は亡くなった女房に助けられたと実感せざるを得なかった。

会社の帳簿には牧村からの預かり金として合計3500万円ほどあり、そのうち1000万円ほどは帰らぬ再生資金にせざるを得ないと覚悟し始めたのは、街金業者の資金を使い始めた平成15年の9月に入ってからである。

（2）6カ月間の資金状況

平成15年4月頃から、牧村はかかってくる街金業者の電話に応対するようにした。中には、ぞんざいな口調で街金というよりも闇金を思わせるものもあり、そういうものは全部適当な返事で断った。通常の営業マンがかけてくる電話には、それとなく興味のありそうな対応をして、条件などを後日のためにメモした。FAXでの勧誘も段々増えてきた。最低1日に1通はFAXが送られてきた。FAXには全部、分割年利計算での返済表が記されている。これらの業者の中に絶対に1社か2社は、東洋と似かよった業者がいるに違いないとかたくなに信じ、その出現を待っていた。

東洋が最初に来社した1週間後、ようやく100万円の融資を申し込み、1枚25万円の小切手を4枚切った。4カ月返済で毎月20日の支払いである。山守が小切手を持ち帰った翌日、97万円近くが入金になった。小切手の持ち逃げを想定して、振り込み入金確認が取れるまでは心配で、翌朝10時過ぎに残高確認の電話を入れて確認したほどだった。

6月の業販卸の売上は、夏物商品が期待以上の動きで業販卸のノルマが達成でき、その資金回収は7月末から8月に反映される。7月も引き続き5月と同様の売上が見込める状況にあった。ネット販売もダーツなどの売上が好調で、5月の資金繰りはさらなる資金調達の必要もなく、キャッシュフローのやり繰りで処理できる程度の小額の範囲内であった。

しかし例年のごとく、問題は8月と9月にある。8月と9月には6月と7月の業販の売掛金が回収されるが、日々の現金収入がベースになっているネット販売は8月の売上次第である。8月はお盆休みなどの季節的要因で2月同様に極端に売上が落ち込む月である。この落ち込みようは業販も同様で、それが10月のキャッシュフローに影響を与える。また、季節の変わり目の9月もまだ8月の影響があって、毎年それほど期待できる月でないことをこれまでの経験で牧村は実感していた。10月に入ると冬物商品が動き始めて、12月までの3カ月は1年を通して最高の売上になるのは毎年のことである。

業販に関しては、これまでの経験上よほどの気候変化や経済変動がない限り、各月の資金状況は把握できる。予測できないのは、ネット販売の日々の売上である。業販の場合は、月末〆の請求書で1カ月から2カ月先の資金状況を見ることができるが、ネット販売の場合は代引きやカード決済によるので、長くても半月先である。したがって、ネット販売による1カ月ないし2カ月先の資金状況を把握するのは、常に期待予測になる。

牧村は、第1目標、第2目標までの5カ月間、つまり7月から11月までのそれぞれの月の資金状況を推測してみた。最も厳しい月は、8月、10月と11月で、9月には7月の業販の売掛金入金があるため、ネット販売次第で苦しくも楽にもなる。資金的余裕が確実になるのは10月と11月で、2件の借入金が完済しているはずだ。10月の業販の売上が12月に反映し、ネット販売も遅くとも11月から年末のクリスマス商戦に入れるので、12月からは好成績が期待できる。そして、11月と12月の業販の売上入金が1月からであり、それが第3目標である2月に反映される。3月からは3分の2に減額された返済金での運営になる。ここまで来れば、牧村はこの3カ年再建計画の90％は達成すると踏んでいた。

もう一つの牧村の計画は、今期の11月決算で２０００万円前後の最終収益を計上して、債務超過を完全に解消することである。５月までの前半期の合計残高試算表ではすでに１０００万円前後の経常利益を確保しているので、それを達成する自信は十分にあった。その決算書をベースにして、必要であれば2月にはビジネス・ローンなどの借入も計画に折り込むことができる。

（3）ビッズ・フューチャー

牧村は、まだ多少でも資金的な余裕があるうちに、東洋のような業者を探し出す必要があると考えた。これまでにメモした業者の中から好感の持てた業者をピックアップし、数日内に電話がなければ自分からそれとなく電話するつもりである。この手の交渉では、自分から電話をすれば絶対に有利にならないというのが牧村の持論であった。そこに運よく、2日後の朝一番にピックアップしていたビッズ・フューチャーの亀田から電話が入った。

前回提示した亀田の条件は、１５０万に対して年利24％10回分割ＯＫで、年利は書類を見ての最終決定になるとメモされている。牧村は、「前回の条件であれば前向きに検討したい。平日は忙しいので、今度の土曜日であれば都合がつく」旨を伝えた。亀田はこれからでも現金を持ってうかがいたいような言葉であったが、牧村が今度の土曜日以外は時間の都合がつかないことを言い続けた。休日は営業できないと言っていた亀田が、牧村の執拗な言葉で次の土曜の午後2時の来社を受けた。

土曜の午後2時前に亀田から電話が入った。これから迎えにいくので、最寄り駅の改札口あたりで5分ほど待つよう亀田に伝えた。牧村が出迎えにいくと、そこにはアルミのアタッシュケースを持った黒い背広を着た男性一人しかいなかったので、確認するまでもなく亀田と分かった。亀田を9階へ案内し、グローバルの業務内容を説明し、一通りの挨拶的な会話が終わると亀田が切り出した。

「社長、今日、うちの審査部の人にも出社してもらっておりますので、この申込書を先に記入してくださいますか？」

「申込書は、最初に電話をもらった時に、ＦＡＸで出したじゃないですか」

「あれは仮審査用の仮申込書で、今回は本申込書です。特に他社借入がある場合は正直に書いてください」

と、亀田は鉛筆でその箇所に丸印を入れた。内容は仮申込書より詳細に書き込まれるようになっている。仮申込書にはなかった売掛先名と金額、借入詳細などの記入欄がある。

「亀田さん、借入金は銀行関係も書くんですか？　うちは全部保証協会の保証付きですから……。それと商工ローンも書くんですか？」

「銀行関係と商工ローンは結構です。うちみたいな業者からの借入があれば、書いてください」

牧村は東洋からの１００万円と、年９％の６カ月返済と書き入れて、売掛先も主だったものだけを書き入れて亀田に渡そうとした。牧村が申込書に記入している間に、亀田は会社謄本、会社・個人の印鑑証明や、請求書の内容をチェックし、何かをメモをしている。牧村から渡されそうになった申込書を横目で見て、決算書も見せてほしいと言った。出された決算書を見ながら、

「沢山当座を持っているんですね」と、言いながら、1、2、3、4と数え始めた。

「メインで使用しているのはH信用金庫だけで、それも取り引きでは使っておりません。残り口座は車関係の口座で、今は返済口座でほとんど使うことはないです」

「一応、全部の小切手帳と当座照合表を見せていただきますか？」

牧村は東洋の時と随分違うなと思った。牧村は全部の小切手帳と照合表を渡しながら、「東洋で借りた分は、H信金の小切手で切っていますから」と、付け加えた。

亀田は、小切手帳の耳を見ながら、その金額が照合表に載っているかをチェックしている。H信金以外の小切手の耳の最後の日付は全部2年ほど前なので、亀田は日付けを見てから未使用小切手の方を片手でパラパラと中身をチェックした。そして申込書を手にした亀田は最初から目を通し、他社借り入れの記入欄で、

「他社借り入れは、これだけですか？　他にないですか？　この東洋という業者はどこにあるんですか？　随分安い利子ですね」

亀田は追加があればいつでも書きますよといった様子で、鉛筆の先端を次の欄に当てていた。

「東洋以外はありません。東洋は鶴見にある業者です」

「そうですか。じゃ、この1社だけですね。ちょっとお待ちいただけますか……、会社の方へ電話入れてきますので」

と言って、亀田は申込書を持って事務所のドアを明けて9階の踊場へ出ていった。亀田がどんな結論を持って帰ってくるのか、多少興味を抱きながら待つこと約10分、事務所のドアが開き、「分かりました」

と亀田が電話の相手にしゃべりながらテーブルに着いた。そして「審査部の報告によると、社長、最近他社から借りておりません？　何かデータに出ているらしいんですよ。本当に借りていませんか？」と、執拗に聞いてくる。

「何なのそのデータとは？　東洋以外は借りていませんよ。そのデータはどこにあるんですか？」

「銀行とか商工ローンなんかで、その業界のグループがお互いのお客のデータを交換し合っている信用調査と同じようなものなんです。我々の業界にもあるんですよ。社長の会社名や、社長の名前と生年月日をインプットすると、いつ、いくら借りたとの情報が出るんです。審査部の話によると、それに出ていると言っているんですがね」

「もし借りているとすると、その業者名も出ているんでしょ。その名前を教えてくださいよ」

「業者の名前は出てきません。ただ、地名は出てきます。今回は神田が出ているそうです」

「亀田さん、そのデータはインチキですよ。どこも借りてないから。信用できないね」

「最近、他社に申し込みしたことあります？　この間、社長と電話で話し合った後に」

「最近、電話やFAXは毎日のようにありますよ。電話がかかってくれば話し合いますし、状況次第では、先方の要望で亀田さんとしたように、融資の対象になるか否かの審査目的での申し込みはしましたよ」

と牧村が話すと、亀田は再度踊り場の方へ出ていって会社へ再度電話している。

「今のが載っているのではないかと、審査部は言っています。普通は申し込みと融資を区別してインプットするんですが、業者によっては区別しないでインップトするケースもありますので。それでね社長、我々も無担保、無保証でやっておりますので、社長の信用性だけが勝負なんですよ。データにこのように出てくると、最初から分割というのは難しいんです。それで上司からの指示なんですが、今回は信用付けという名目で、10万でも、20万でもやっていただけないですかね。この決済後、データに変わりがなければ、最初の契約は問題ないですから。また、社長の会社の業績も文句ありませんので、利子もお安くできると思います。それで一度やっていただけないですかね」

亀田が畳み掛けるように言っているが、これでは最初の2社とまったく変わらない。

「しかし、どうもそのデータはよく分からないね。本当にそんなデータあるんですか？　どこの会社が管理しているんですか？」

「申し訳ないんですが、我々営業マンは見られないんです。調査部の人間か上司だけなんです。一応個人情報で、有料ですので」

「それだったら、今日こっちに来る前に調べて、そんなデータに載っているようであれば電話で言ってくれた方が、お互いにロスはないいんじゃないの？」

ちょっと皮肉交じりに伝えた。

「できればそうしたいんですが、一応個人情報になりますので、申込書をいただいて本人確認をしてからというのが、会社の決まりになっています」

「それでは参考のために聞きますが、その期間と利子は？」

「信用付けですので、10日で20％です。ただし、利子は先取りになります」

「本当に本契約を実行してくれる保証があるなら、信用付けは投資という名目で一応できるけど、本当に本契約やってくれるの？」

「決済まで社長が他社から借入や申し込みをしなければ問題ないと思います。その時の状況になります。私も頑張って上司を説得しますから……」

「電話の話とすいぶん違うじゃない。どうも、信用できないなー。亀田さん、保証がないんじゃ今回はパスするよ。本契約を保証してくれれば、今、サインしてもいいよ」

「社長さん、何とかお願いしますよ。私も頑張りますから。他社の借り入れと申し込みがなければ、問題ないんです。うちの後に他社から借りる予定が来週あるんですか？」

「そんな予定なんかないけれど、どこでどう調べたのか知らないが、毎朝電話がかかってきて、条件がよければ話はするよ。それもダメなんでしょ？」

「できれば、信用付けの決済が終わるまでは……」

「その後はいいの？」

「社長さん、いじめないでくださいよ。うちよりいい条件があれば、それはＯＫですよ」

と、いつの間にか「社長」から「社長さん」に変わっていた。亀田がここで本契約を保証してくれれば、信用付けと称する契約を交わすつもりでいたが、亀田からは曖昧な言葉が続くばかりである。これ以上話し合っても亀田の口から保証の二文字は間違っても期待できないと感じ、牧村は腕時計を見た。外はまだ明るいが6時を回っていた。亀田とはもう4時間以上も話し合っていることになる。

「亀田さん、本当に申し訳ないけれど、さっきも言ったように、本契約が保証されない限りこの信用付けは僕にはまったく無意味なんです。今、10万でも20万でも必要であれば、亀田さんの言葉を信じて信用付けの契約をするけれど、そんな小額を借りても使い道もないんですね。ただ金庫に入れて、期日が来ればそれに利子を付けてお返しするだけですから。亀田さん、もう終わりにしましょうよ。もう4時間以上話し合っているんですし、これ以上話し合っても堂々巡りですよ」

「社長さん、社長さんの要望に合わせて、休日返上で自分も上司も審査部も出勤して、みんな契約を待っているんです。何とかお願いします。手ぶらじゃ到底帰れませんよ」

と言った亀田の言葉はすでに営業トークから離れ、何が何でも10万を受け取らせるといった口調になってきた。居座り続ける亀田を見て、牧村はちょっと厄介なことになったと感じた。今後他社との話し合いで来社を願う時には、はっきりした条件を出しておかないとこのような収拾のつかない事態を招きいれるという教訓を覚えた。座り続けて立ち上がろうともしない亀田を見て、牧村は締めくくりの言葉として、

「亀田さん、じゃあ、どうしたらいいの？　明日の朝まで話し合っても堂々巡りで、結論は出そうもないし……。お互いの条件が違うんだから」

腕時計を見てから引き続き、「あれ、もう8時ですよ。本当にもう終わりにしましょうよ、亀田さん」と、亀田から「分かりました」の言葉を期待して言った。

「それなら社長、出張費を払ってくださいよ。休日返上で来たんですから。1万ください」

と「社長さん」から「社長」に変わり、亀田の顔から完全に笑みがなくなっていた。

「出張費？　何で出張費なんか支払う必要があるんですか。だって、亀田さん、あなたから最初に電話があったんですよ。僕から電話して、来社を願ったわけではないんです。休日返上といっても、僕は土曜日しか都合がつかないということで来ていただいたんでしょ。条件が合ったにもかかわらずうちの都合で契約できなくなったのであれば、亀田さんの言われる出張費も分かるけれど、今回はお宅の一方的な条件変

更ですよ。支払いする筋合いのものではないですね」

牧村が電話をしようと思っていた矢先に、先方から電話があったことに感謝した。

「じゃ、交通費だけでも払ってください。それぐらいはやってくれるでしょ？　5000円でいいですから」

10万がダメなら1万、1万がダメなら5000と、名目を変えながら何が何でもゼロでは帰らない態度が露骨になってきた亀田を見た牧村は、ある程度の金額なら早く終わらせるためにやむを得ないと考えて、

「お宅、確か神田ですよね。神田からじゃJRの往復で5000円もかからないでしょ。神田から横浜までは高くても600円前後じゃないの。多少色を付けて2000円だったら払っていいよ」

「会社からじゃなくて、千葉の自宅から横浜に直行してきたんです。3000円でいいですから、3000円くださいよ。晩飯も食わなくちゃいけないんですから」

と、わけの分からないことを言い始めた。

「分かった。3000円払うから終わりにしよう」と言って、牧村は折りたたみ式の財布から3000円を取り出して亀田に渡すと、ようやく居座り続けた腰を上げて、ドアを荒っぽく閉めてやっと事務所を出ていった。時計はすでに10時を回っていた。長い1日であった。今回の亀田との8時間にもおよぶ話し合いで、得たものは多かった。しかし、1時間ほどで終えると思っていた亀田との話し合いに8時間以上もかかり、土曜日に仕上げる仕事がそのまま残ったために、翌日の日曜日も会社に出ることになった。

（4）ポルトガル行きと夏休み間の資金調達計画

ある日、いつものようにコンピュータを起動させてメールを開けると、30通前後の受信メールの中に姪っ子（高槻の妹の長女）からメールを見つけた。姪っ子は今年の9月に、英国人との結婚式をスペインかポルトガルで挙げる予定であることを、今年の初めに横浜で会った時に知らされていた。牧村一家（長男と次男の3名）で出席してほしいとあの大阪弁で頼まれると――別に大阪弁でなくても――、娘を授からなかった牧村は高槻の二人の姪っ子を我が娘のように思い、頼まれれば何でも受けいれていた。そのメールによると、9月はどこの教会も予約がいっぱいで、可能性があるのはポルトガルでの8月10日のみで、その日に設定したいが出席は可能かとの問い合わせであった。無論、高槻の一家は我が娘の結婚式のために、どのような日取りになろうと万障繰り合わせており、問題は牧村一家であった。牧村はその晩二人の息子に8月上旬のポルトガル行きを伝え、翌日姪っ子にOKとの返信をした。その後、高槻の妹とスケジュールを打ち合わせ、8月2日に成田から発ち、8月12日の帰国予定になった。会社もこの日程に合わせて夏休みにし、他社が夏休みをとる13日からの業務開始にした。

このスケジュールになると、8月の前半は完全休業状態で、8月のネット販売での現金収入、特にカード関係の入金は皆無になってしまう。8月の正確な資金状況は、ネット販売の7月後半期のカードでの売上と7月最後の週の代引き売上で明確になるが、8月前半のネット販売の休業で、相当の資金ショートは覚悟する必要が出てきた。

7月に入ると、牧村は街金業者との電話での話し合いが多くなってきた。電話での応対が営業トークで行われる業者にはそれなりに関心があるような口調で、再度の電話をかけさせたくなるようなニュアンスを残して電話を切っている。とりわけ高田馬場のキープと秋葉原のフロントと名乗る2社は、2、3日に1回ほど電話をかけてくるようになり、お互いに冗談を言い合うようになってきた。牧村は前回の経験から「条件変更が出れば、即、お帰り願うから」と話すと、いずれの業者も「うちはそんな業者じゃない。分割年利をベースにしているから、心配する必要はない」と、言い続けている。

7月のネット販売の売上は堅調である。ネット販売の個人客の支払いを2社のカード支払いで受けていて、Y社というカード会社の支払いは10日〆の翌月15日支払い、もう一つのM社は15日〆の月末支払い、月末〆の翌月15日支払いである。7月10日はY社からのカード売上が約75万円計上され、翌月15日の入金額である。M社の15日〆の売上額は100万円ほどで、これは7月末に入金されるが、8月15日の入金分は、7月末の売上まで待たねばならない。そして、7月15日を過ぎると、ネット販売の売上が驚異的に伸び始めた。25日の時点ではM社のカードを使用しての売上は、150万円を突破し、月末までには200万円を越える勢いが感じられた。しかし、8月末のM社のカード売上入金は12日までの夏休みのため、ゼロに近い入金状況である。

牧村は7月の最後の週が始まる27日からの行動を計画していたが、もう一つの確認は8月1日（金）までの1週間の代引きでの売上金額である。その売上金は翌週水曜日の8月6日に入金する予定だからである。また、グローバルの支払いは月末に給与と一部の国内仕入れ代金、倉庫料と借入金返済が中心で、それ以外の国内仕入代金、乙仲費、配送料その他の経費関係の支払いは5日に設定していた。したがって、8月1日（金）までの代引き入金が翌週水曜日の6日になるので、5日の支払いには1日遅れである。通常の月であればそれほど神経を使うことではないが、8月2日から12日までは夏休みで、しかも牧村は海外にいる。また、業販卸の入金も5日にあるので、間違いなく5日に入金されると信じているが、やはり、特に1社が心配である。そのためには、業販卸の5日入金分を当てにせず、予め必要額を調達しておいて8月1日にそれぞれの口座に入金しておく必要がある。そのための資金調達の手配に入った。

（5）キープとフロント

とりあえず、5日の業販卸の入金を計算外にしての必要な金額は100万円である。水曜日が5日であればその調達は不必要であるが、1日遅れのための手配である。牧村は、各街金業者に来社を願うつもりであったが、夏休み期間中の受注と納品の件で、東京の数社の取り引き先との打ち合わせが生じたので、その途中、途中で立ち寄ることにしてみた。30日の水曜日に高田馬場のキープを訪問し、それから秋葉原のフロントに出向く予定を立てて、各業者にその旨を前日に連絡を入れてアポを取った。

30日の8時半前に事務所を出た牧村は、新宿の取り引き先へ向かった。その取り引き先との打ち合わせを10時半過ぎに終え、高田馬場にあるキープの大西に電話を入れた。その時、再度大西に「本当に、条件変更はないのか。もしそのようなことがあれば、即退社する」との意向を伝えて高田馬場へ向かった。駅からの地図をFAXでもらっていたので、キープの事務所はすぐに見つかった。

アポ時間より15分も早く着いたので再度大西に電話を入れ、これからうかがってよいかと確認すると共に、再度条件変更の持ち出しについて念を押した。もし大西からそれまでと異なった曖昧な返事であれば、キープには立ち寄らずそのまま秋葉原へ向かうつもりでいたが、相も変わらず大西は「大丈夫です。そんな会社じゃないですよ」と繰り返している。キープの事務所はビルの3階にあり、ドアにはインターホンがあった。呼び出しボタンを押して、グローバルの牧村であると告げると、開錠の音がして内部に案内された。その途端、牧村は嫌な予感がした。例のテンポの速い、耳障りな音楽が部屋いっぱいに流れていて、それに、今開錠されたドアがロックされたような音がしたからだ。これまで電話で話し合ってきた大西との面談を求めて案内されたテーブルで待っていると、二人の男性が現れ、そのうちの一人が名刺を出した。金森と書かれてあり、金森はもう一人の男性を吉本と紹介した。以前の上野の業者と似かよった状況になったと、牧村は感じた。

金森に、「これまでに大西さんと電話では、年利18％の分割払いという条件を何回も確認しています。今日も2回電話も入れて『間違いありません』と確認されたので来ているから、大西さんと話し合いたい」と求めた。しかし金森は、「大西は電話での応対専門で、実際の面談は我々が対応することになっています」とその了解を求めると同時に借入申込書を牧村の前に出し、牧村に書類の提出を求めてきた。

「金森さん、大西さんと確認してある条件でお願いできるのであれば、申込書にも記入しますし、書類もお見せします。18％の分割はＯＫですか？　もし、条件変更するようであれば、今すぐ帰りますから」

と、牧村は金森の顔を直視しながら言った。

「基本的にはそのような条件でやっておりますが、まずグローバルさんの会社内容をお聞きしないと……。そのために申込書とお願いした書類を拝見したいんですが……。無担保、無保証人融資ですから」

切り出し文句はどこも一緒である。まだ時間もあることだし、条件変更になれば退去すればそれですむと牧村は思い、申込書に記入することにし、要求書類を提出した。申込書は形式こそ違うが、内容はこれまでのものと一緒である。申込書を記入している間に、金森と吉本は謄本、印鑑証明、小切手帳などに目を通し、記入された申込書と一緒にそれらの書類を奥の部屋へ持ち込み、だれかと話し合っている。まったく以前と同じ光景である。しばらくして帰ってきた金森と吉本は、現在の売上状況や回収方法を、牧村が提出した売上表と照らし合わせながら質問し、また、他社借入は東洋以外にないのかと執拗に聞いてきた。その質問を終えると、また奥の部屋へ行き5分ほどで帰ってくると、

「社長、審査の結果、年18％の分割はＯＫですが、1回だけ付き合っていただけないですか？」

と切り出してきた。牧村は例の信用付けであることはピーンと来たが、初めて耳にするような態度で、

「1回だけ付き合うとはどういうことですか？」

「社長、東洋以外の他社から借りておりませんか？　データに出ていると審査の担当が言っているんですよ。本来ですと、他社借入があると融資できないんですが、社長の会社は内容もしっかりしていて、利益も大分出しておりますので、1回だけいくらでもいいですから、1週間20％で信用を付けてほしいんですよ。この決済の後は間違いなく年18％の分割でやりますから、保証します」

と、金森は言い切った。また、データの話が出てきた。この際だから、徹底的にこのデータについて追及し、折り合いが付かないようであれば退去しようと牧村は思った。

「金森さん、東洋以外はどこも借りておりませんよ。そのデータを一度見せてもらえますか？　確かに、お宅の大西さんが電話してきたように、いろいろな業者からの電話がありますが借りてはおりません。もし載っていると言うのであれば、そのデータは間違っている。データ、データと言うのなら、帰ります」

と言って、牧村はテーブルにある書類をカバンに入れ、椅子から立ち上がりドアへ向かった。金森は牧村の腕を捕まえ、吉本は牧村の前に立ちはだかり、牧村をテーブルに戻そうとしている。牧村は二人を振り切って、ドアのノブに手をかけたがロックされている。牧村が入室した後にロックされた音を耳にした

ことを思い出した。すかさず、金森と吉本がドアの前の牧村の両腕を捕まえて、

「社長、せっかく来られたのですから、もう一度話しましょうよ。データの方もよく説明しますから。お願いします」

とねばる。それを耳にした牧村は、今日必要資金を調達しないと、残された31日と1日では調達が無理かもしれないと思い、引っ張られるままにまたテーブルに着いた。

「データですが、データ会社があり我々はそこの会員で、申し込みを受けたり融資をすれば、その会社名、代表者名、生年月日、金額を報告することになっております。その情報が必要な時は有料で調べることができるんです。金融業者の名前は出ませんが、その地名は出ます。このデータ会社は数社あり、情報を交換されているとも聞いております。我々営業マンはこのデータを見ることができず、見られるのは審査部の人間だけです。審査部の話では、確かにデータに載っているが、金額の表示がないので申し込みで載っているかもしれないと言っているので、1回だけ付き合ってくださいとお願いしているんです」

金森は長々と真剣そのものの顔で説明している。前の亀田の説明と似たり寄ったりであるが、確かに、銀行や商工ローン、大手のサラ金業者間では個人信用情報を管理しているデータ会社があるので、この街金業界にあっても不思議でないと金森の説明に多少の信憑性が感じられた。

「金森さん、1回お付き合いすれば、年18%の分割を保証してくれますか?」

「保証します」と、きっぱりと言い切った。

「しかし、1週間での決済は不可能です。8月2日から12日まで日本にいないのです。姪の結婚式で2日にポルトガルへ発ち、12日に帰国しますので。帰国後の決済であれば問題ないんですが……。その期間で

受けてくれればうちはＯＫですが、ダメなら帰ります」と、牧村はこれだけ熱心に引き止めるので、間違いなく1週間を2週間に延ばせられると思い強気に出た。

「2週間ですか……。それだと、1回ジャンプになりますね。1回分の利子を差し引いての手渡しになりますが……。それと2週間は連絡が取れないことになりますね。ちょっと心配だなー」

「金森さん、僕は年18％の分割月払いでこちらに来たんですから。それが、データとか何とか言われて、1回お付き合いするんですよ。少しは、その辺も考慮してもらわないと、先ほどあなたが言われた条件は到底受け入れられません。帰るしかありません」

と金森の言った条件を完全に拒絶した。

「社長、そんなに帰る、帰ると言わないでくださいよ。上司と相談してきますから、ちょっと待っていてください」

時計を見ると、もう1時間半以上ここにいる。1時半のリオン社とのアポには間に合わないので、2時に変更してほしいと電話を入れ終えた時、二人は戻ってきた。

「これで一発契約でいきましょう」

と言って金森が出した条件は、帰国後から2週間目の決済で30％の利子である。18万円の融資でその決済後は年18％が保証されている。牧村は契約することに決めた。しばらく考え込むような態度を取りながら、牧村は言った。

「じゃ、60万円でやりましょう」

それから契約書類が出されたが、その種類の多いことに牧村は驚くばかりである。しかし、社判と実印を押すだけである。不動産関係、動産関係、内容証明の用紙、賃貸契約書などまったく内容を確認するまでもなく、金森と吉本は手際よく押印している。

最後に、78万円の小切手を切り、現金60万円と引き換えた時に、新たなトラブルが起きた。金森が、手数料として3万円を差し引かしてくれと言ってきたのだ。「初回の取り引きのみで、全ての新規のお客にお願いしていることですから、社長にもぜひ了解してほしい」と言いながら、3万円は他方の手に渡っていた。現金を前に置いていつでも渡せられるという状況を作り、そこで新たな条件を出して、受け入れられなければ渡さないといった、借りに来たお客の心理を愚弄するこのやり方に、牧村はこの連中に対してなんとも言えない憤りを感じた。時計を見るともう1時近くである。この連中とこの件で口論する元気は、牧村にはもう消えうせていた。牧村は、

「こんなやり方では先が思いやられる。契約はなかったことにして、押印した書類全部返してください。帰りますから」

と言って、カバンを開けてから印鑑やテーブル上の書類を仕舞い込んだ。それを見た金森は、

「社長には参ったなー。じゃ、1万円で受けてくださいよ。2万円は私の方で調整しますから」

と言いながら、金森は2万円を戻して、59万円を牧村の前に差し出した。

「金森さん、こんな足元を見たやり方は、借りる者から見れば本当に愚弄されているようにしか思えないよ。契約前に言うべきじゃないですか。後はもうないんですか？　なければ、1万で受けましょう」

と牧村が言ってやっと終わらせた。

キープの事務所を出た牧村は、秋葉原のリオン社に電話を入れで、再度の遅延の了解を求めた。先方は

夕方までこれといった予定がないので、いつでもＯＫと言ったので、高田馬場の駅近くで昼食をとることにした。

３時間近くの話し合いに牧村も疲労感を覚え、リオン社の打ち合わせ後は真っすぐ会社に帰ることにして、フロントにキャンセルの電話を入れた。電話に出た中本は「現金はすでに用意してあり、契約はすぐに終わるから、ぜひ立ち寄ってください」と執拗に誘ってきたが、牧村は来週から12日までの夏休みで本業の打ち合わせが先行していて、今日はもう時間がないので明日にうかがう旨を伝えて、電話を切った。

翌日31日の朝早めにフロントへ出かけた。中本は開口一番にデータの件を持ち出してきた。昨日、高田馬場あたりの金融屋から借入をしてないかと始めて、それがあると年利で長期分割は無理だと続けた。昨日であればまだデータに載ってなかったので契約ができたが、データに出た以上は信用付けを１回やってほしい、との一点張りである。牧村はとぼけて東洋以外は借りてないと白をきったが、それ以上に言い切る自信はなかった。やはり、データなるものの信憑性を感じさせられたからである。

牧村が「８月２日から12日までの夏休みに自分は海外に出かけて、13日には帰国するから決済はその後になる」と説明して出された条件は、キープよりも好条件で決済日は15日でその間は金利20％で、利子は先取りという内容であった。したがって、50万円に対する手取額は40万円で、15日に50万円を決済する内容になる。昨日のキープの手数料を思い出して、これ以外にかかる費用はないのかと尋ねると、きっちり40万円を渡すと中本は答えた。そして金森同様に、「これを実行してくれれば、２回目からは年利で長期分割が可能だ」と再確認したので、牧村は契約することにした。契約書類はキープ同様に多種で、中本は慣れた手つきで手際よく押印している。

1時過ぎに帰社した牧村は、昨日のキープからの59万とフロントの40万を合わせた99万を、牧村からの「預かり金」名目で銀行口座に入れるよう経理に指示して渡し、休み中の振り込み分を期日指定で手配を取らせた。

8月2日に予定通り成田からパリ経由で出発し、12日の夕方にロンドン経由で帰国した。ポルトガルでの10日間は、これまでの心身ともに疲れきった牧村を完全にリフレッシュさせるに十分であった。帰国した翌日13日に業販卸の入金確認をしたところ、やはり一番心配していた業者の入金が5日でなく6日になっていた。今回の資金手配がなされてなかったら、休み中に大変な騒ぎになっていたと想像すると、28万円の利子は無駄でなかったと思わざるを得なかった。

その後キープとフロントへ電話を入れ、無事の帰国を知らせてから、予定通り決済するのでその後の本契約の日程を相談したいと伝えると、いずれも申し合わせたように、3、4日の期間を置いてくれとの要望であった。牧村は、何も今すぐでなくとも月末までに契約ができればよいと考えていたので、了解し、予定通りに78万円と50万円を指定口座へ振り込んだ。ただし、振り込み先はそれぞれの会社名ではなく、個人口座名義であった。

ネット販売のよいところは、休み中でもそれなりに個人客から注文が入っていることで、この夏休み中も予測以上の注文が入っていた。これから期待できる入金は、銀行振り込みと代引きだけである。カード関係の入金は来月9月15日までゼロなのだ。牧村は、25日頃まで銀行振り込みと代引きの売上を見守りながら、キープとフロントへ本契約の件で電話を入れた。

ところが、耳を疑うような回答であった。キープは「7月30日の融資後にグローバルが他社から借入をしていることがデータに載っているので、短期ならばできる」と金森が説明した。牧村は一瞬フロントの件が頭に浮かんだが、中本は「信用付けなので、データに載せないと」と言っていた。カマをかけているに違いないと思い、そのデータを見せろと迫った。しかし金森は、「前にも言ったようにデータは見せられないが、7月30日以降に神田あたりで50万円がデータに載っている」と何か勝ち誇った口調である。ここまで具体的に言われると牧村もそれ以上の反論ができず、フロントの中本に電話を入れた。ところが中本の言い分にはさらに念が入っていた。「確かに高田馬場の方は消えているが、15日以降に何社かに申し込みをした記録がデータに出ているので、審査部から長期分割は当面対象外で、どうしても必要であれば前回同様の短期ならば可能です」との回答であった。

キープとフロントの2社と話し終えた牧村は、2社が互いに情報交換し合っているようにしか見えないほど、相手の要求を退けさせる迫力があると感じた。確かにフロントが言うように、7月15日以降、数社の業者からの電話に応対して融資内容を確認するために仮申込をしていた。これに対しては、中本は当てずっぽうに言っているようにも感じた。一度なりともこのような業者と関係を持てば、他の複数の業者との接触があると考えるのが一般で、中本はそれを抽象的に利用して話しているにすぎず、データの存在と信憑性をそれらしく盛り付けしているかのように見える。金森は、中本が言った申し込みの件は一言も話していない。もし、同じデータを見ているのであれば、当然言ってくるはずである。このように考えると、どの業者も口にするデータの存在の信憑性も疑わしくなってきた。牧村は、この業界の内側のほんの一部を垣間見たような気がした。

予定していたキープとフロントからの長期分割型の資金調達の当てがはずれ、当初から危惧していた8

月末の資金繰りに相当影響が出ると覚悟し、9月中旬までのキャッシュフローをチェックすると意外なことが分かった。8月末に保証協会の借入返済をすれば、当然資金ショートが生じるが、その金額は当初の想定より圧縮されていたのだ。夏休みの間の受注分に対しては、休日の間は無論銀行振り込み入金もカード、代引き売上も皆無であったが、休み明けに意外とそれらが集中的に資金化し、特に16日以降のM社のカード売上が膨れ上がり、その資金は9月15日の入金に反映してくる。

それに、9月15日に入金予定されているもう一つのY社の7月末までのカード売上額、さらに入金予定のある業販卸売掛金の8月末、翌月5日と10日の入金を合わせれば、8月末の資金ショートを一時的にカバーできる。社員の給与の払いを月末から翌月の5日に移動すれば、厳しいながらも8月末以前のさらなる資金調達は不要になる計算になった。牧村は断腸の思いで各社員に現状を説明し、8月末の給与を9月5日の支払いにする了解を取りつけて、何とか8月末を乗り越えた。しかし、業販卸の8月の売上は散々たるものであった。10月の資金繰りに相当な打撃を与えるはずである。

第16章　第2目標から第3目標へ（平成15年9月〜12月）

（1）宮田との出会い

9月に入った。第1目標までに2カ月、第2目標までに3カ月である。第2目標を達成した翌月12月からの返済金は、95万円くらい減額されて230万円ほどになる。そして、翌16年2月の第3目標を通過すれば、さらに30万円が減額されて、16年12月の最終目標までの毎月の返済総額は200万円になる。

この段階になれば、現状の売上収益での返済可能範疇に入ってくる。それに、11月決算では確実に債務超過を解消できる状況になる。必要であれば、翌年2月にはこれまで不可能であった銀行のビジネス・ローンの申し込みも可能になる。残り2、3カ月のやり繰りには、高利であっても街金の力が必要であり、利用するしかないと、牧村は自分自身に言い聞かせて正当化せざるを得なかった。

数多くある業者の中には東洋のような業者も1社や2社はまだあるはずで、それを捜し出すには来る者は拒まずの心境で対応する必要があると考えているうちに、営業をかけてくる複数の業者の一人の担当者に遭遇した。彼は宮田といった。

宮田とはまだ取り引きはしてないが、すでに数回の電話は繰り返している。宮田は20代前半で、この業界に入ってまだ1年ほどである。宮田は新横浜界隈に数社のお客を持っており、1週間に1度は横浜に足を運んでいるから、その予定が決まると牧村に電話を入れてくる。宮田の融資条件は最初から15日20%で、牧村は常に短すぎる、高すぎると言って断り続けていたが、宮田が何かこの業界色に染まってない、普通の営業マンの雰囲気を漂わせているので、牧村もつい話しに乗り、数回の対話になっていた。

その日も、夕方に宮田から電話が入り、立ち寄ってもよいかとの問い合わせであった。牧村は最近忙しく、少しまともな食事と思っても一人身なのでそれなりのレストランで食事を楽しむ気にはなれず、結局適当に終わらせていた。宮田から電話があった時、つい食事に誘ってみたくなり、その旨打診したところ、宮田もぜひお願いしますとの一言で7時過ぎに事務所の近くから電話をもらうことにした。

宮田を焼肉店へ誘った。牧村には久しぶりの焼肉である。

「最近、仕事忙しい？」

「うん……。悪い方で忙しいです。今日もその帰り」

「悪い方と言うと、引っかかり？」

「そう。最近ちょっと多くなって。営業よりも回収の方で大変なんだ」

「しかし、この手の回収はどうなの？　やっぱり悪い？」

「弁護士が入ってくると、大体そこで終わり」

「表沙汰にできないところがあるからね。ところで、もう少し長く、安くならないの？」

と、牧村は話題を変えるつもりで尋ねた。これまでの数回の対話で、なぜ長期分割での資金が必要なのか、これまでに経験したキープなどの件を宮田には率直に話している。無論東洋の件も話してあり、そういう会社が絶対にまだ1社や2社はあるはずだ、知っていたら紹介してほしいと宮田に頼んでいる。

「ウチはグループ全体で決められているので、15日は変えられません。利率は実績が付けば15%までは可能だが、そこまで行くのが大変です。牧村さんの話によれば、とりあえず後3カ月でしょ。それだったら、ジャンプで延ばすしか方法がないですよ」

「ジャンプって何なの?」と、牧村はとぼけて口にした。これまでキープとの話し合いで何度か耳にしたこの業界隠語の意味は分かっていたが……。

「支払い日に利子だけとか、利子とできる範囲の元金を入れて、最終決済日を延ばす方法。もし、50万円を20%で借りた時、1回目の決済日に利子10万と元金10万の合計20万支払えば、次の決済日の利子は8万になり、そこで、また元金10万入れれば、その次は元金30万に対しての利子で段々利子と元金が減っていくでしょ。5回での決済では2カ月半で、総額30万円の利子を払うことになるけど……」

「しかし、東洋みたいな業者が見つかると、楽になるんだけどなー」

「牧村さん、僕も1年以上この業界にいるけど、そんな会社絶対にないと思う。東洋は法人でしょ。ウチみたいな会社は、名前こそ株式会社と言っているけど、無登録の個人ですよ」

「そうなると、やはり15日20%をベースにして、20%から15%、15%から10%にする業者を探す以外に、とりあえず方法がないみたいだね」

「15から12の可能性はあるけど、10の可能性はゼロだと思う。我々みたいな業者には金主がいて、金主から月5%から10%で借りて他に貸し付けているんだから……。1回引っかかると、結構厳しくなるからね」

「さっきからグループと言っているけど、どういうグループなの？」

「ウチの場合は20店舗ほどあり、金主は一人です。その20店舗で情報交換して、いい客がいれば他の店舗にその情報を流したりして、互いに利用し合っています。牧村さんを信じてウチのグループ社の名前を伝えておきますので、借りないでください。借りる時は、僕から借りてください。絶対に内緒ですよ」

「いやあ、ありがとう」

牧村はその手書きのリストを見た。何社か見覚えのある業者名がある。間違いなくキープとフロントもこのようなグループに入っているに違いないと思った。

「これと、これと、これからすでにコンタクトありましたよ」

と言って、それらの業者名を指差した。それから、牧村はそれまで常に疑問に思っていたデータに関して尋ねてみた。すると、宮田も実際にそのようなデータはこれまで見たことがないが、グループ内の情報交換で得られる情報がそのデータになるかもしれないし、また金主間での情報交換もあると説明した。当然、親しい業者間での情報交換があり、それらを総括してデータと言っているように感じた。食事も段々終わりに近づいた頃、牧村は宮田に、

「いろいろと貴重な情報ありがとう。全部内密にするんで安心してください。だからというわけではないんだけど、8月の業販卸の売上が散々たるもので、9月末の資金ショートは避けられないから、25日以降にお願いしたいと思っている。金額は25日以降の入金状況で決めるが、恐らく100くらいは必要になると思う。ジャンプ方式でお願いするかもしれない」

「ありがとうございます」と宮田がお礼を述べた。

宮田からこの業界の内部情報を得た牧村は、その後の他社との交渉がより的確になってきた。宮田を食事に誘った翌日からも、1日何回も電話が入り、新規の業者の場合は宮田からもらった業者リストと照らし合わせて、載っていればその場で断り、載ってなければ期間と利子を確認して、認可番号（東京であれば「都番」）を聞き出した。それをインターネット上で調べて、個人か法人かまで調べる手の入れようになっていた。とにかく、牧村はこれと思った業者に対しては借りる、借りないにかかわらず、呼びつけるようになってきた。宮田が言ったように15日20%がその世界の標準で、長期分割の業者を探し出すことはよほどの運がない限り不可能と感じて、まだ可能性のある月単位の返済が可能な業者を探すことにした。

9月の業販卸の売上は予想通りで、普通の年ならば何ら問題のない売上額であるが、車両部の借入返済がある間は満足のいくものでない。9月の業販が反映する11月も、10月同様に資金ショート分を街金の力に頼らざるを得ない状況で、そして12月の資金状況を考えた時、10月中旬過ぎから始まる冬物商品に期待するしかない。

第2目標まで9月から11月の3カ月であるが、今は9月下旬で正味2カ月ほどである。運悪く15日サイトでの契約であれば、11月末までは4回ほどの返済回転である。毎月２００万円の調達であれば、利子20%で1カ月の利子は80万円、2カ月で１６０万円になる。ただ、この利払いを売上収益から払っていたのではまったく意味がなくなるので、この方も街金からの調達にし、最終的には平成16年の2月の銀行のビジネス・ローンないし保証協会からの借入金で一括返済する計画を立て、残された最後の調達方法だと覚悟を決めた。これでは、確かに業者の数が倍、倍で増えることに間違いないので、その効率のよいやり繰りを考えることが必須になった。

9月25日に、予定通り宮田と100万円の借入を15日20%で契約した。15日目は10月9日になり、その日に集金に来てもらうことにした。他社同様に多種多様の書類に社判と実印を押し小切手120万円を渡した。手数料の請求はなく100万円の手取額である。このように何回か小切手を切っていると、いろいろと不都合が出てくる。グローバルは都銀3行、地銀1行、信金1行の小切手帳を持っていた。これまでの経験からすると、全ての業者は小切手の耳をチェックして、これは街金に切ったのではないかと執拗に聞いてくる。怪しいと感じた小切手は必ず当座照合表で調べる。これは、高利への条件変更をさせるための手段である。申込書に書かれた事柄（特に街金からの借入）をベースにしてのあら捜しであり、見つかれば条件変更への格好の理由になる。したがって、この6種の小切手帳をいかに効率よく使うかの問題も出てきた。小切手を切っても、街金への小切手でないように見せる方法を考えるようになった。

（2）増え始めた業者

待ちに待った第1目標の10月にやっと辿り着いたという心境であっても、同時に牧村の頭の中は今月の資金調達で埋め尽くされていた。最低であった8月の業販卸売り上げの売掛金が今月に反映され、それに冬物とクリスマス用の商品が台湾と中国から到着する予定で、それに関わる諸経費の資金も必要である。しかし、例年通り冬物商品が今月中旬過ぎから動き始めてくれれば、12月からの資金回収になり、それ以降は第3目標の2月までは安定した資金状況になる。

10月と11月はこの再建3カ年計画で一番重要で、過酷で、ターニング・ポイントになる2カ月である。これまでの各業者との話し合いから必要資金の調達に問題はないが、最大の懸念は業者の数が増えて、15

日サイトで回って来る支払い日の煩雑さである。10月と11月は業販卸の売掛金入金が少ないうえ輸入品での諸経費が発生するため、支払い利息も調達金で処理し、できる限り業者数を増やさないためにもできれば多少の元金の内入れをしてのジャンプが最善と、牧村は判断した。

4月の初めに東洋から借りた100万円は、5月から毎月25万の支払いで4カ月後の8月に完済し、その月の下旬に再度100万円の融資を受け、完済予定の12月までは利用できない状態にある。9月下旬に調達した宮田と別の業者の支払い日が10月の8日と11日に回ってくるので、とりあえずはその資金確保のために10月の1週目から別業者の選定に入った。10月に入ってからの牧村の午前中の仕事は、来社する業者と10階で交渉することになった。電話では相も変わらず好条件を提示し、来社すればいつものパターンで、必ずデータと合わないことを理由にしての条件変更である。その手順を見ているとどの業者もまったく同一で、牧村もどの段階で条件変更の話が出始めるかが分かってきた。

そのような雰囲気になると、牧村から「条件変更をするんでしょ。理由はいらないから最終条件を出してください。合わなければお帰り願いますから」と先手を打つようにした。その最終条件が15日20％よりよい条件であれば話を続行し、それ以上であれば即退社を願った。ところが、全部が全部そのような業者ではなく、本当に親身になって牧村のこれからの計画を聞き、ベースは15日サイトであるが、宮田が言ったジャンプ方式を用いての返済計画を示唆してくれる業者もおり、そのような業者には再度の来社を願っての契約になった。

このような交渉を2日に一度は繰り返し、退社を願った業者の中で素直に事務所を出た業者もいれば、交通費や出張日を要求した業者もおり、牧村は信憑性のないデータでの条件変更はまったく受け付けなかった。結局、10月は新たな4業者との契約になり、合計6社との継続取り引きで、利子などの振り込みで銀行へ足を運ぶ回数も多くなり始めた。

期待した冬物商品は、例年に比べて温暖な日々が続き、まったく動かない状態が続いた。これは牧村に12月の資金繰りに新たな心配を生じ始めさせた。ただ、朗報としてもたらされたことは、昨年までは必ず類似品が一緒に出回り競合を余儀なくされていたが、今年はそのような類似品が出回る様子もなく、グローバルの独占的な市場になる雰囲気があった。そのため、遅くても1月末までには間違いなく完売される確信を持たせてくれたが、まったく動かない10月は焦燥感が募るばかりであった。牧村の頭の中では、後1カ月少々での第2目標をクリアさえすれば、予想外の事故でもない限り、計画通りに翌年16年2月を迎えられるとの思いが常に支配していた。過酷な街金との駆け引きは、計画達成のための残された最後の数カ月の手段であると、自分自身に言い聞かせるしかなかった。

(3) 第2目標の11月に突入

第1目標をクリアして11月に入った。10月にはまったく動かなかった冬物商品が急激に動き始めると、牧村の1日の動きも変わってきた。業者との話し合いも、これまでのように毎朝というスケジュールは作れなくなった。朝早くからの取り引き先との打ち合わせのスケジュールが入り、日中に時間を作れない時は街金業者には夕方遅くの来社を願ったり、また本来の業務スケジュールが丸一日ないと前日に分かれば、翌日は朝、昼、晩と3社の業者を受け入れての交渉にもなった。過去に調達した資金の返済分の調達と、新たに必要とする当月分の資金調達で、少しでも長く、少しでも安い業者を探すのに必死であった。

このように多忙な日々を送るなかでも、業者への支払いは1回も遅れることなく、重要と思われる業者には必ず前日にＦＡＸで支払い額を通知していた。そのような通知を受けた業者には絶大な信用を与え、完済ないし元金が半分以下になると先方からの追加融資の申し出が入ってきた。そういう時、牧村は交渉をして日数を延ばすか、利率を下げさせるかし、それに先方が応じない時は即座に断り、先方からの再度の電話を待った。これがこれまでに得た牧村の教訓であった。再度の電話があれば、牧村が要求した条件ないしほぼ近い条件であり、対話を通してまだ交渉の余地があると判断した時は、再度断り、また電話を待つといった交渉を続けた。

このような交渉を続ける中で、１社はほぼ月単位での返済、そして新たな1社は当初から月単位でしかも15％での契約に応じてくれたが限度額は１００万円であった。何とか2月までの返済分を減らすために、この2社には第3目標をクリアするまでは、毎月の利払いのみを了解してもらった。しかし、最悪の事態を迎えたこともあった。前日好条件で契約した業者が何かの都合で翌日突如連絡なしで来社し、10階で待機していた他の業者と鉢合わせになったのだ。それで契約違反と騒がれて、その日に利子も含めた全額を回収されたうえに、待機していた業者からも断られ、さらに出張料の名目で請求されたこともこの11月にあった。

11月の冬物商品の売れ行きはまさに好調そのもので、輸入量の60％以上を出荷する結果を出し、12月末から1月にかけての資金状況に期待感が出てきた。

（4）H信用金庫への再挑戦

11月30日が日曜日であったため、保証協会への月末返済分は12月1日の返済日になり、12月1日の晩は久しぶりに早めに帰宅して、やっと第2目標を達成した安堵感を焼酎をロックで飲みながら味わった。

しかし、その安堵感も束の間であった。8、9月の最悪の業販卸の売上が反映した第1、第2目標の10月、11月の資金状況を完全にクリアさせるため、11月の後半から調達した資金の返済のツケが、12月に当然回って来ていることであった。多少の安心感は、それまでの保証協会への返済額のうち90万円近くが12月から減額されていることである。それに、東洋の方も12月が最終決済月になるので、必要であれば70万円前後の融資を受けることは可能である。ただ、冬物商品が10月にまったく動かなかったので、東洋分はそれで帳消しになるような状況だ。いずれにせよ、12月も街金との折衝が待ち受け、状況次第ではさらに交渉しなければならない。その善後策を考えれば考えるほど、焼酎の残量が減り続けた。

焼酎で夢うつつとなった頭に、H信用金庫が浮かび上がった。H信金の担当者には、これまで継続的に業務報告と今後の計画をFAXでレポートしていた。その内容の中で、今期11月決算で2000万円前後の最終収益を計上できる状況にあり、税務申告の終えた2月には保証協会への融資申し込みを計画している旨を暗に示唆していた。2年半前に現在の担当者に代わり、この2年半一度も融資の世話を受けてない。これまで何回か融資の相談をしたが「これ以上借りても返済額を増やすだけで、意味がない」と言われてまったく相手にされていなかった。それで2月に向けて、今年の9月頃から定期的に業務報告をして、2月の申し込みをほのめかしてきたのだ。11月の合計残高試算表を早急に完成させて、12月の申し込みを打診するのも善後策の一つと考えて、実行することにしてみた。12月1週目の半ば過ぎにH信金の担当者の席に近づくと、担当者の春田から声をかけてきた。

「グローバルさん、お久しぶりです。大分調子がいいようですね」と、外交辞令の挨拶をしてきた。

「おかげさまでネット販売が好調で、何とか息をしているところです」

「それで今日は、何か?」

「ええ。ちょっと相談がありまして。11月決算で確実に2000万円前後の最終収益は確保できる状態で、また、債務超過もこれで消えます。昨年も500万円ほどの利益を出して、一応2期連続の黒字決算になります。それで、税務申告の終えた2月に保証協会への申し込みを考えていたんですが、もしできれば今月の申し込みをお願いできないだろうかと思っておうかがいしたんですが、どうでしょうか?」と、牧村は単刀直入に切り出した。

「今月ですか……。でも、まだ決算処理は終えてないんでしょ」

「これからになりますが、決算処理といっても、これといったものはないですよ」

「でも一応、決算処理が終えた後の収益を見ないと。赤字になっているかもしれないし。試算表だけでは、説得力は薄いですよ」

と、相も変わらず消極的である。

「まさか、赤字になることはないですよ。春田さんの方の借入金が先月完済して、今月から約90万円の減額になるんです。ここで資金が入れば返済額が多少増えても、ほとんど影響は出ないですから」

「グローバルさん、決算書が出る2月まで待ったらどうですか?　あと2カ月ほどですから、頑張ってくださいよ。その方が説得力もありますから」

まったく前向きでなく、何を説明しても聞く耳を持たないようである。

「今、資金が入ると本当に助かって、不要な資金繰りから解放されるんですけどね」

と、まさか街金を利用しているなんてことは、口が裂けても言えない悔しさがあった。

「グローバルさん、分かってください。今、ここで融資をやると引当金の問題が出てきて困るんですよ」

と、いつもの切り札を出してきた。

「そうですか。後2カ月頑張るしかありませんか……。分かりました」

と言って、牧村は春田の席を外れた。H信金を出た牧村はひどく疲れていた。積極的でなくても春田がやってみましょうと言ってくれれば、これまでの経験からたとえ減額されても融資は受けられる確信があっただけに落胆は大きく、それが疲れに変わった。ただここで確認が取れたことは、2月には間違いなく保証協会への申し込みができることだった。

(5) さらなる街金との交渉

牧村の頭の中には、12月と1月の2カ月をいかにして、より少なく、より有利な資金調達で切り抜けるか、そのことしかない。冷静にこの2カ月の本来の資金の流れを再チェックしてみると、11月の業販卸の売上がその平成15年11月に最高額を上げていて、冬物商品を大々的に取り扱っているのは2社で、1社の支払いは1月末、もう1社の方は1月5日である。そして12月末は銀行の休日になるので、先月同様に12月末の返済は1月5日になるため、月末の返済資金繰りは問題ない状態にある。

またネット販売においては、12月はクリスマス・年末商戦で1年を通して最大の売上が期待できる月である。しかも、資金回収は銀行振り込み、代引き、M社のカードで、支払は当日、週単位それに半月単位である。したがってキャッシュフロー的には相当余裕のある状況になる。反面、1月は12月の反動で極端に落ち込むのが毎年変わらないことであり、返済額が90万円ほど減額になっていても、相当厳しい状況になることは疑う余地もない。

ただし期待できるのは、業販卸で冬物商品が11月同様の売れ行きで完売になれば、1月末と2月5日に返済額以上の売掛入金がある。1月末は土曜日となるため返済日は2月2日になるので、2月5日に入金する売掛金を1月30日ないし2月2日に入金されるよう取引先に協力をお願いしなければならない。それが可能になれば、1月末の返済に関しては心配無用になる。問題は、現金収入のネット販売の売上高である。

牧村は平成15年の初めから、独自で開発したキャッシュフロー表を使用している。この表には、借入金、リース代、電話代などの毎月の固定費、それに経費関係およびL／C決済（海外からの輸入仕入代金）の支払い日とその金額が記されている。入金の方は、業販卸での請求額がそれぞれの入金日に記されていて、ネット関係の銀行振り込み、代引き、カード関係は最低の平均入金額で記されている。最低平均額以上の売上が出れば、その段階で加算していた。そこで業販卸関係の請求額が記入されると、約1カ月半先のキャッシュフローが把握されると同時に、日々の入金と出金の差額計算が自動的に算出され、しかも翌日以降の合計額に反映するように自動計算が組み込まれている。予定外の出金が生じれば、その金額のインプットで翌日以降の全部のフローに反映し、その出金で資金ショートが生じる日があれば、その日の残額は赤字に変わる。

12月に予定されている全ての業者の元金と利子分をそれぞれの支払い日にインプットして、12月末のキャッシュフロー状態を見ると、約400万円の赤字が出ている。実際に動き始めた9月からの業者から調達した金額残は600万円ほどになっている。その利子は1カ月単位のも含まれるが、15日で約70〜75万円になる。15日サイト計算で全額を一括返済するには675万円ほどが必要になるが、12月末で400万円（1月5日の借入返済後）の赤字になっていることは、当然、400万円で一括返済ができることを意味する。

また、このことは12月に限っていえば、その差額分の約275万円と保証協会からの借入返済額230万円の合計、500万円ほどを経常利益で上げていることも意味している。

この400万円全部をジャンプできれば、さらなる資金調達は不要だが、利子分は当然支払いしなければならないし、また、次回で完済すると約束している業者もあるために、どうしても新たなその分の資金調達をしなければならない。そのためには、新たな業者を見つけ、その新規調達金額は200万円以上と計算された。

（6）牛丼店と似かよった社名のY屋

翌週からまた牧村の街金戦争が始まったと同時に、冬物商品の出荷も多くなり間違いなく12月で1カ月も早く完売しそうな勢いである。このような状況になるとどちらが本業なのか区別が付かない日々になった。以前は条件が合わなくて断った業者も含めて、相も変わらず電話やFAXでの売込みが入ってくる中で、有名な牛丼店と同じY屋と名乗る新規の業者から電話があった。その担当者は加藤と名乗った。加藤はこれまでに何回か電話で話したことがあると言ったが牧村にはまったく記憶がなく、アプローチするための一種の営業トークと思い、いつものように受け流して加藤の条件を確認した。

加藤はもっともらしく「社長から、ある程度長めであれば考えると聞いていたので、上司とも相談して新メニューの紹介になります」と言ってきた。加藤の説明によれば、最初は45日サイト27％で3回の返済条件であった。この条件でＯＫであれば、初回は60万円の貸付で、1回目の返済額に30万、2回目は25万、最後の3回目は21万2０００円で合計76万2０００円になる。支払いは確かに15日サイトになるが、15日間の利子は9％である。牧村は条件的にはＯＫだが、金額をもっと上げられないのかと交渉したが、加藤は初回は60万からのスタートになり、2回目からは同条件で金額は上げられると言った。

加藤はその日（12月8日）の午後3時過ぎにグローバルの最寄りの駅に到着し、牧村の出迎えを待っていた。加藤が牧村に要求した書類関係はまことに簡単なものであった。会社と個人の印鑑証明書各3通、会社謄本1通、借用証書1通と小切手3枚のみであった。10階はすでにその日の発送で使用されているので、いつも利用している喫茶店での契約になった。これまでに取り引きした業者とは全部名刺交換をして、業者の所在地などは確認できた。しかし加藤は、「今、印刷中」と言って所有していなかった。所在地を聞いても後で連絡すると言って、会社の電話番号だけを牧村に伝えた。ブランクの小切手に牧村は電話で言われた金額を漢数字で書き入れ、用意された借用書に判を押して終了する簡単なものであった。

一部の業者は小切手を交換に回しての返済を要求してきたが、銀行との兼ね合いがあるために牧村は頑として受け付けなかった。加藤も交換を通しての回収を言ってきたが、帳簿に載せられない資金調達だから絶対に受け入れられないと強固に拒み、もしそれが条件であれば、契約はなかったことにしようと示唆すると、加藤は会社の上司に了解を求めてどうにかＯＫとなった。

（7）宮田への再申し込み

２００万円のうちこれで60万の調達が終了し、残り１４０万円を調達できる１社で可能な業者の出現を待った。９月の下旬に宮田から調達した１００万円は、３回ほどのジャンプと内入で完済して、その後再度１００万を調達していた。２回目の調達も3回に分けて返済中である。宮田は、牧村の話に常に興味を持っていたので、できる限り集金に来るのでそのようにしてほしいと頼まれていた。牧村も宮田からその業界の内情を知るためにも彼の集金を歓迎し、できれば夕食がとれる時間帯に来るように頼んでいた。

その日、10日の晩に宮田が集金の予定になっていた。２回目の返済である。牧村の最近の仕事の流れは、街金業者との話し合いの合間をぬって本業を遂行するといった本末転倒になっていた。特に新規の業者が相手では印鑑証明、会社謄本、住民票などの用意と説明、契約時の何十枚におよぶ書類に要求される社名と押印、それに牧村の自筆での署名、そして現金を受け取るまでに3時間以上も要する作業となり、多忙な12月の本業の遂行にも影響が出始めたために宮田に今後の調達方法を相談するつもりでいた。

宮田をいつもの焼肉店へ連れていったが、宮田は「今晩は自分に支払いさせてくれ」と入る前から譲らなかった。

「宮田さん、今回分で元金30万と利子12万の合計42万でＯＫですよね」

と言って、牧村は宮田に42万を渡した。宮田は銀行員のように慣れた手つきで、１万円札42枚を一瞬にして確認した。牧村はいつもこの連中の１万円札を数える手つきに感心している。「確かに。ありがとうございます。残りは30万になりますね」と言って、現金を封筒に入れカバンにしまった。

牧村は宮田にはいつも正直に、なぜこのような資金が必要になったか、なぜ公的資金での調達が無理なのか、現状とこれからの方針がどうなのかを話してきた。そして半ば冗談に、この3年計画が無事終了すれば、会社に約３０００万円近くを預けたことになるから、その後はそれを順次回収していく予定なので、今度は牧村が金主になってこれまでに支払った利子分を回収したいから、その時は手伝ってくれるかと尋ねたことがあり、宮田はその時は任せてくださいといった会話がこれまでにあったほど、牧村も宮田も互いに信じ合っていた。

牧村は12月のキャッシュフローを説明し、どうしても２００万の調達が必要で、60万は牛丼チェーンみたいな業者から45日27％の３回支払いで調達し、残り１４０万の調達が必要だと説明した。そのうえで、「それで相談なんだけれど、残りの30万を日割り計算で返済して、新たに１５０万を15％で何とか上司と相談してもらえないかね。そうすれば、差し引き１２０万の調達になり、それができれば数回のジャンプと内入で2月の完済で本当に楽になると思う。どうだろうか？」と単刀直入に持ちかけた。

「金額的には問題ないけど、15％は上司と相談してみます。もう2回やってもらっているんで、何とかなるかもしれません。それと、日割りの件は過去に何回か経験があるので、問題ないと思います」

焼きあがった肉を牧村と自分の皿に移し生肉を網の上に並べながら、心配しなくてもいいですよと、宮田はちょっと笑みを浮かべて言った。

「そうしてくれると、今月後半の資金手配も相当楽になる」

と、何か頭で計算しているかのように牧村はつぶやいた。牧村が２００万の調達と言っているのは、あくまでも12月前半のことであり、15日サイトでの返済ではもう1回12月後半に回ってくる。無論、今回ジャンプした分も含めて、加藤の分もこの宮田の分の第1回目の支払いが下旬に回ってくるために、新たな調達が必要になる。

「社長、150がOKになっても実質的には120ですから、後20が必要ですね」

「まぁ、必要になれば20ぐらいは何とかなると思う。ネット販売の振り込み入金分と代引き分は最低平均額で計算しているので、最後はそれでカバーできると思う」

と、日々の入金を見守るしかなかった。

翌日、宮田から電話あり、日割り返済もOK150もOKだが、利率は16%で受けてほしいとの依頼であった。これでOKであれば12日に30万プラス3日分の利子1万2000円を金曜日に振り込んでくれれば、翌日土曜日に150万持参するとの内容で、牧村は了承した。

牧村の後半の資金手当てで、東洋はすでに計算に入っていた。24日で前回の100が完済し、その翌日に再度100を借り入れる予定になっている。返済前でも可能であるが、100万が限度であるために返済分を差し引いた金額で、なおかつ予定通りの返済が小切手で回ってくるため、実質手にできる金額は返済額の2回分を差し引いた金額になることを考えると、最終返済が終えるまでは待つより仕方がなかった。

(8) H信用金庫でビジネス・ローン開始

12月30日は銀行最後の営業日であるため、本来ならば何をさておいてもメイン銀行への年末の挨拶が常識になっていた。ところが、これまでの非協力的な対話を顧みるとその足はいく分遠のいて、理由を付けて担当者への電話だけですまそうかと思った。しかし、2月の保証協会への申し込みの件もあると思い、昼食の後、H信用金庫へ年末の挨拶に向かった牧村は、担当者のカウンターの横に置かれたパンフレットに目が留まった。これまでに何回か担当者に尋ねても、まだその計画はないと言われ続けていたビジネス・ローンの案内状である。

「春田さん、ビジネス・ローンの取り扱い始めたんですか？」

「えぇ、最近ですが」

積極的でない返事に、牧村はちょっと落胆した。あれほど資金が必要と12月初めに相談に行ったにもかかわらずと思い、少し皮肉って「なぜ、一言」と思ったが、その言葉を飲み込んで、

「じゃ、ウチも申し込んでもよろしいんですか？」

「いいんじゃないんですか。案内状に申込書が印刷されておりますから」

とあまり勧めたくない雰囲気で、なんとも煮え切らない態度である。内容を見ると、3日営業日で審査結果が出ると書かれているので、正月休み中にFAXで申し込むことにした。もしこれが可能になれば、500万円の調達ができ、間違いなく第3目標の2月を迎えられると確信した。春田はこれまで常々「当行はグローバルのメイン銀行ではない」と言っているが、牧村にしてみればH信金がメイン銀行で、L／C開設もまたネット販売の入金も全部H信金に集中させている。したがって、申し込めば必ずOKの回答が来ると信じてやまなかった。牧村はパンフレットをカバンにしっかりと入れて会社へ持ち帰り、これで何とかなる、そして、この半年あまりの街金とも縁を切ることができると、ツキに見放されてないこの運の強さは3カ年計画を成功させてくれると確信した。

第17章　第3目標1カ月前の平成16年1月

（1）H信用金庫からの意外な回答

12月は、1月の正月休み明け直後に回ってくる返済額の手配に、結局31日までの街金業者との話し合いになった。その前に予定していた業者が、ことごとく理由を付けて約束していた本契約を覆してしまったのだ。そのため、交渉も来年1月に持ち越しされた予定外で波乱に満ちた12月最後の週になったが、12月を何とかクリアすることができた。1月1日から第3目標までに残されたのは1カ月である。この1月をいかにして乗り越えるか、そのためにキャッシュフロー作りに着手した。

まず12月末の業販卸の請求書を作成すると、その合計額は11月同様に700万円近くになっていた。すでに2月10日頃までの予定支払い額と入金額がインプットされているキャッシュフロー上では、通常月よりも多いL／C決済にもかかわらず、1月末までは赤字が生じる日は見当たらない。しかし、借入金や業務定時支払いが集中する1月30日（31日は土曜日のため）には、約200万円の赤字に変わっている。そこで、業販卸の1月末と2月5日と10日の入金分をインプットすると、見事に黒字に転換し、2月10日前後の資金残は150万前後である。牧村はこの数字を見て、1月の街金業者への支払いは業務収益からは1円たりとも不可能であるが、さらなる資金調達ができるまでの一時流用は可能である流れだと判断した。

1月前半での街金業者への支払いで必要な金額は、当然12月から膨れあがり約600万円になっていた。業者の数も11社になっている。12月24日に東洋に最後の決済をして、必要であれば再度100万円の再融資を受けるつもりであった。年末の他業者との煩雑な交渉で申し込みが遅れていたが、年明け早々の入金予定になっていた東洋からの100万円の借り入れは、この600万円の1部に充てられる状況になっていた。これによって、1月前半の調達額は500万円になり、年末に思わぬ情報を得たH信用金庫のビジネス・ローンに期待し、そして祈るしかなかった。そして1月4日に予定通りH信金へ500万の融資申込書をFAXで送り、そしてこの500万円で全てを一括返済できることを願った。

実際に業者数が11社にもなると、牧村は毎日のように近くの銀行のATMに足を運ぶようになっていた。特に、正月休み中の支払い分は5日以降に再設定されていたために、5日の週にほとんどが集中してしまう。東洋からの資金と通常資金の一時流用で、H信金からの回答に期待しながら、毎日ATMへ足を運んだ。

しかし、その週末にまったく信じがたい返事が、H信金の審査部からあったのだ。「今回は見合わせる」と、何か遠慮がちで申し訳なさそうな細々とした声での返事がきた。その言葉に牧村の頭は一瞬真っ白になった。確かに案内状には、「審査結果理由の問い合せは不可」と記されていたが、合点がいかない牧村はあえてその理由を尋ねた。しかし、「申し訳ございません」の一点張りで、電話が一方的に切られた。春田との会話で一抹の不安があったが、これまで定期的に業務報告をし、昨年11月の決算用の試算表も提出してあり、その内容も一昨年から毎年改善されていたのだから、今回のような完全NOの回答が来るとはまったく思ってなかった。悪くても、多少の減額で「ＯＫ回答」が来るものと信じていたのだ。

（2）街金との最後の折衝

一括返済の夢が消えてしまい、とにかく５００万円を調達しなければならない。牧村は翌週13日からにわかに街金業者との折衝で忙しくなると同時に、いろいろな資金的問題が発生し始めた。Ｈ信金からの融資を信じて、先週の業者への支払いに通常資金を一時流用したため、15日以降に設定している４件のＬ／Ｃ決済資金にショートが出始めている。

好条件で調達するには時間が必要で、焦った牧村はやむを得ず、1月末と2月5日に冬物商品での取扱いで高額入金予定である3社に順に電話を入れ、適当な理由を付けて翌週の末まで（16日まで）の支払いを願い出た。いずれの取り引き先もグローバルの国内部の発足以来の付き合いで、グローバルの商品に常に興味を持っていたので、検討させてくれとの協力的な回答を得た。その３社から３５０万円の調達が可能になった。３５０万円に関しては月末までの調達に時間的な余裕ができたが、５００万円と後半に必要な資金の調達には変わりがなかった。

牧村の頭の中には、翌週13日にあのＹ屋に最後の21万２０００円の返済があり、その返済翌日に２００万の再融資が確認されていた。13日の支払い後に２００万の再融資を受けても、その1回目の返済は1月27日に設定されてその返済額は95万円であるために、1月に利用できる実質金額は１０５万円である。

残りの４００万円は、12月末にもつれた2業者と話し合い、一刻も早く本契約に持ち込む手配を取った。しかし、いずれも新規の業者で、各社１５０万円の分割返済で交渉していたが、前回のもつれた話し合いから判断しても、分割返済はアプローチするための営業トークであると判断せざるを得なかった。そこで業者数が増えるかもしれないが、１社からの金額を50～70万円にした方がスムーズに調達できるように感じてきた。とにかく、月末までに残された時間は２週間と少々であり、牧村の気持ちに焦りが漂い始めていた。

13日の朝は予定通りＹ屋の加藤に21万２０００円の返済の電話をして、翌日２００万円の再融資の時間を確認した。加藤は明日、14日の夕方横浜へ持参するので、前回の小切手と引き換えに新しい小切手を用意するように指示してきた。この予定が確認されたので、牧村は14日と15日の朝に、12月末にもつれた２社に来社を願う電話を入れ、とりあえず２社で３００万の調達を考え、不足が生じれば後日の手配を覚悟した。

14日と15日の2社との話し合いで牧村は再度この3年計画を説明し、「あと2週間で第3目標の2月に入り、2月に入れば保証協会からの融資と、場合によっては都市銀行のビジネス・ローンから融資が可能で、それまでのつなぎ資金として今回お願いしている」と正直に話した。そのために、「ある程度の分割で、1回目の支払いが月内に回らないよう何とかしてほしい」と率直な気持ちをぶつけてその反応を見守った。この2社も、牧村が推測した通りベースは短期業者で、分割返済は営業トークであった。15日サイトの15%で１００万は可能で、いずれも申し合わせたように3回の分割で40、30、30にそれぞれ利子を乗せた返済を条件にしてきた。15日サイトでは1月の最終週に1回目が回ってきて、それも返済額がそれぞれ55万円で合計１１０万円が必要になってしまう。しかし、早急に３００万を確保する状況にあったので、とりあえず、この2社の条件で契約した。

新規の業者であれば全て最初からの説明が必要であり、契約するまでに相当な時間を要するのが常であった。そこで、これまでに完済していて、それ以降折衝してない業者を探すことにした。それ以降に折衝がないのは、利子が高いとかいろいろな原因があってのことなので思わしくないことは分かっているが、打診してみることにした。3社あった。いずれも最初の頃の取り引きで、長期分割を餌にして小額の信用付けでうやむやにした業者である。

3社のうち2社は50万円程度であれば検討してもよいとの回答であったが、やはり利子は15日サイトの20％であった。それも利子の先取りのため、手取りは40万円である。月内にその支払いが回らないようにするため、いずれも20日以降の契約で了解を取った。しかも1回取り引きの実績があるので、電話をくれれば小切手との引き換えで渡すとの手間のかからない条件になった。

（3）宮田からの意外な申出

19日に宮田から23日の集金の件で電話は入った。内容はいつものように、23日の晩に集金にうかがってよいかとの確認の電話である。そして、別件で今晩うかがいたいが、時間があるかと尋ねてきた。宮田の話によれば、２００万ほどを月25％で用立てできる友人がいるので、その件で話し合いをしたいということだった。そして、「これは自分自身との個人取り引きなので、会社には内密にしておいてくれ。正直言って25％のうち5％は自分のコミッションになる」と説明した。牧村はその話を聞いて一瞬ホッとし、いつでもいいから今晩来社するように返答した。牧村はこれで大体の資金手当ては付いたと思ったが、まだ、月末に多少のショートが出る危惧があった。それは25日過ぎに様子を見ながら最後の手配をすれば間に合うと、キャッシュフローを見て自問自答していた。

宮田はその晩8時半頃来社した。宮田はその友人を先輩と呼んだ。以前やはりこの業界で仕事をしていたが、今は行政書士を目指して日夜頑張っているため無職で収入がない。現金は250万円ほど持っており、そのうち200万円をこの形で使用して、当面月40万円ほどを稼ぎたいとの話である。そして、その貸出先を探すように頼まれたと説明した。できれば3カ月ほど内入れなしで使ってくれないかとの相談であった。牧村には何も断る理由はなく、その場でOKと即答し、23日の集金時にその200万を預かることにした。お礼の意味で食事に誘ったが、まだ1件仕事が残っていると言って宮田は席を立った。

（4）債務超過が消えた決算書

1月24日土曜日、牧村は顧問税理士の事務所へ向かっていた。1月末に税務署へ提出する決算書の最終打ち合わせである。毎年この時期に牧村はうかがっている。今月に入って何回か彼とは電話で打ち合わせて大体の最終収益の確認ができていた。最終確認の上で判を押すことになっている。それでも丸一日を要して、帰宅が真夜中の12時近くになるのは毎年のことである。

その日も終えたのはやはり夜8時頃で、最終収益は当初の計算通り2000万を少し上回った数字になった。まだ累積赤字は残っているが債務超過は完全に消えている。これで、2月の保証協会への申し込み、それにビジネス・ローンの申し込みが可能になり、過去2年半の苦労がやっと報われるとしみじみ身にしみた。打ち合わせ後は税理士に誘われての遅い晩食で、それまでの2年半の経緯を語ったが、その中には街金のマの字も、無論、出ない。

翌日25日は日曜日であったが牧村は出社して、1月最後の週のキャッシュフローを再チェックした。ネット販売の1月後半の売上が伸びず、その分振り込み入金と代引きが延び悩み、先月末のように予定した業販の売掛入金ズレを考慮すると、さらに50万円前後の調達手配が賢明かもしれないと感じた。明日の朝どこかの業者に打診するために、可能性のある業者を3社ほどピックアップした。来週の業者への支払いの全ての手配がつき、2月2日（1月31日は土曜日のため）の保証協会への返済を終えれば第3目標も、おのずから達成への道へと……。

第18章　平成16年2月からの再出発

26日月曜日、いつもよりも早く8時前に事務所に到着した。牧村以外はだれも出社してない。コンビニで買ってきた冷たい麦茶を喉に通しながら、昨晩、焼酎を飲みながら考えた「備えあれば憂いなし」の月末資金調達の相手先を探して、街金借入台帳に記されている古い業者をチェックし始めた。何社かが目に留まったが、これらの業者にはあまりいい印象が残っていない。時間も経っていること、それにこちらから電話すればまさにお願いの形になり、先方ペースの話し合いになることが頭に浮かぶと何かと躊躇いが先行する。それに月末最後の週であるため、間違いなく業者からの電話があるはずだと考えると、自然に手が台帳を閉じた。とにかく、その電話を待とうと心に決めながら、コンピュータを立ち上げて電子メールをチェックしていると、朝一番の電話が鳴った。時計を見るとすでに8時半過ぎである。業者にしても早すぎる時間帯で、何かの間違い電話ではないかと思いながら牧村は、いつものように受話器を取り上げ

「グローバルです」と対応すると、

「社長、明日の支払い大丈夫ですか?」

とY屋の加藤からであった。こうして、話は冒頭にもどる。しかし、牧村の挑戦への意欲が喪われたわ

けではなかった。

（1）返済と新たな借入それに売掛金回収の奔走

平成16年1月末、Y屋の資金回収の罠にはまった直後から、他の街金業者に発行していた小切手も不渡りとなり、それと同時にグローバル通商の口座は各金融機関から預金不足での取引停止処置を受け、これで俗にいう倒産という状況に陥った。その時、牧村の負債総額は保証協会（横浜市・神奈川県の2件）、商工ローン2社、国民金融公庫（現日本政策金融公庫）（2件）、私募債（1000万）、それに輸入品の乙仲費などで、総額1億4000万円以上に達していた。そのため、友好な取引先や、そこから紹介された弁護士からは、廃業と自己破産を勧められることになった。

牧村も一時は会社の廃業と自己破産を念頭に置いたが、保証協会からの借入金に外部の連帯保証人が付加されていた。それに、L／Cで輸入していた商品の所有権は銀行に帰属されることになったが、当銀行からは「在庫品に関してはグローバル通商に帰属させるので、一刻も早くできる限り高く処分し、保証協会への返済に充ててよし」との通知があった。また売掛債権は、ネット販売でのカード会社分、それに宅配会社からの代引き発送の未収金などで約1000万円あった。

「ヤミ金融」といわれる悪質な違法業者を取り締まることを目的に、平成15年に通称「ヤミ金融対策法」が成立し翌16年1月1日に施行されたが、「グレーゾーン」（利息制限法1条1項に定める上限金利を超え、出資法に定める上限金利に満たない金利帯をグレーゾーン金利という）と通称される金利が、平成18年12月に施行された「利息制限法」まで野放し状態であったために、その間は2社の商工ローン業者には年利24％前後を払い続けさせられた。

上記した2社の商工ローン、市・県保証協会、国民金融公庫への毎月の返済額は約70万円になり、それに加えて、家賃（ウイークリーマンションを出たのち、UR賃貸に移る）、事務経費（交通費、水道光熱費などを含む）で毎月20万円は必要になった。また、業務を開始するにあたり、未払いになっていた乙仲などへの未払額約180万円の支払いが急務となっていた。

牧村は、すでに2カ月に一度の約22万円の年金受給者になっていた。未払い額180万円の支払いのため、年金を担保にした年金ローンで160万円を調達し、また、不足額に関しては、以前中古車輸出などで知り合った中山氏から40万円の用立てを快く受けいれてもらうことができた。こうして新たに調達した200万円で、毎日のように催促してくる未払金を完済し、総額1億4000万円強＋200万円の完済の第一歩に踏み出したのだ。

牧村の第一の仕事は、売掛金回収であった。

最大の問題は、街金業者から債権譲渡書（街金業者から貸付を受ける契約書には必ずこの債権譲渡書があり、その中に売掛先の会社名、住所、電話番号、金額が記載され、ご丁寧に押印されている）が全部の売掛先に出回っており、それを盾にして支払いを固辞する会社が数社あったことだ。これらの取引先は東京に集中している。しかも、借り入れをした街金業者は東京の神田、上野、池袋、高田馬場の一帯に多いから、それらの地域に出向けばどこかで街金業者と出会う可能性が高い。そのため、売掛金の回収交渉は、身を潜めているウイークリーマンションから電話でするしか方法がなかった。ところが、街金業者からの債権譲渡書を盾に取って、素直に応じてくれる債務者は少なかった。そんな時に、国内取引で親しく付き合っていた秋元から思わぬ電話が入った。

「牧村さん、秋元です。どうしたの？　何があったの？」

と開口一番の挨拶である。

「秋元さん、よくこの電話番号分かったね。ちょっとまずいことになり、今、ある連中から身を隠しているけど、どうも電話では話しづらいね」

「噂で何があったか少しは耳にしたけれど、一度会う？　おそらく、協力できることがあると思うよ」

秋元は牧村より1歳年上で、それほどの取引ではなかったが、新商品の企画書を見せると、それを持って関係筋に走りまくり、いろいろな情報を集めてくれた。時には、企画書の写真のモデルにもなってくれたりして、頻繁に顔を合わせていた取引先の担当者の一人であった。ところが、秋元の会社は秋元一人で、ある会社の出先独立事務所であったことをのちに知ることになる。

牧村がウイークリーマンションに逃げ込んで一週間以上が経ち、食事以外でマンションから出ることはほとんどなかった。久しぶりに外の空気も吸いたくなる。秋元の事務所は自由が丘で、自由が丘ならば街金業者と遭遇することもなかろうと思い、翌日の午後2時ごろに指定された自由が丘の喫茶店で秋元と落ち合った。

「ちょっと耳にしたけど、牧村さんの事務所にいろんな街金業者が立てこもっているらしいね。優良会社のお宅が街金業者と付き合っていたとは、世の中は表だけでは分かんねもんだね」

と、何か興味ありげな趣で話し始めた秋元。この状況下で、牧村は何かにすがる思いで、これまでの経緯を洗いざらい話した。そして、債権譲渡書のため売掛金回収が難しいことも伝えた。特に、クレジット・カードの売上金の回収と、宅配便の代引き金の回収で手こずっていることを話した。聞き終えた秋元は、真顔で話し始めた。

「牧村さん、俺（これまでの〝私〟や〝自分〟から〝俺〟に変わった）を見た目で普通のサラーマン風に仕事をしていると思っているだろ。この際だから話すけど、実は、横浜のある組の顧問をしていて、昼と夜の顔を持っているんで、今の牧村さんの話からして結構協力できると思うよ」

と意味ありげな笑みを浮かべて、牧村の返事を待つがごとく話を切った。それを聞いた牧村の顔が一瞬強張った。それまでの付き合いではまったくそのような素振りはなく、ただのまじめな年配の担当者と思っていた秋元の告白に、どう対応したらよいのか分からなくなった。それでも、とりあえず調子を合わせることにした牧村は、

「秋元さん、脅かさないでよ。それ本当の話なの？　まったくそんなふうには見えなかったなぁ」

「そりゃそうだよ。夜の顔を昼間に出したんじゃ、とんでもねぇことよ。今は違うけどな」

と、笑みを浮かべながら話す秋元の口調は、夜の顔になっていた。秋元と商談をしていた時、秋元の携帯が鳴りその相手に乱暴な口調で「そんな話は、夜にしろ」と叱りつける場が過去に何度かはあった。ちょっと異質な雰囲気を牧村は感じたが、電話の相手が分からないので、時々雑談で出てくる女性からの電話ではと思っていたものである。秋元の提案を受けて牧村は現状を鑑み、事務所にたむろしている街金業者の追っ払いと、売掛金回収の取り立てをこの際頼んでもいいのではないかと頭の中をよぎった。

「これまでの昼間の秋元さんと思って、お願いしていいですか？　まず、事務所に立てこもっている街金業者の追い出し、それに売掛債権の回収もお願いしたいのですが、当然手数料は支払いますけど、債務が

1億以上ありますのでできるかぎり低いところで」

「金額にもよるけど、1件100万以上であれば、牧村さんとのこれまでの付き合いを考えて、1件の回収額の10%でどう？　ＯＫであれば、リストある？」

牧村は、支払いを執拗に固辞している通販会社1社、クレジット会社1社、それに宅配便1社の合計700万円ほどのリストを秋元に渡した。

秋元は組の若い者数人を早速事務所に行かせ、その場にたむろしていた街金業者を追っ払い、それから数日間は若い者が事務所の入り口に張り付き、出向いてくる街金業者を睨んで追い返してくれた。このことが業界でも噂になったようで、それ以降はいずれの街金業者も来なくなった。

それと同時に、秋元は「輪島」と名乗っている筆書きの夜の顔用の名刺を持って、リストの通販会社へ乗り込んだ。その会社は最初は債権譲渡書を盾に固辞し続けたが、数回話し合いを重ねると秋元に譲歩し、牧村が当座口座を開いてなく普通口座しかなかった銀行の口座に全額を入金してきた。最後は組の若い者を同行させたのではと牧村は思った。

クレジット会社と宅配便会社の方は、さすがに筆書きの名刺は使用できず、牧村の会社役員として質素な服装で同行を願った。まずは宅配便会社へ向かった。秋元は丁寧な言葉で、昨今の銀行の貸し渋り、貸し剥がしから生じる資金ショートでやむを得ず街金業者に頼ってしまい、その1社の罠にはまってしまったこと、そのうえ、業務上の債務返済などでどうしても代引きでの売上金を回収する必要性があることを丁重に述べた。それを長々と聞き終えた担当者は、

「実は、私も街金で働いていたことが以前あり、そのやり口はよく分かっております。当時は私もその一

人でした。今考えれば、本当にひどいことをしたと反省しており、上司に相談して何とか1日も早く支払いできるよう頑張ります」

と驚きの返事だった。秋元の話によれば、それから数回他の担当者からも電話があったとのことで、全額が翌月末に先ほどの口座に振り込まれてきた。

最も厄介だったのは、クレジット会社であった。無論、債権譲渡書が街金業者から届いており、対応した担当者は「供託で処理してほしい」の一点張りで、初回は取りつく島もなかった。その後、秋元は独断で数回足を運び、約1カ月半後に全額が振り込まれてきた。どのような折衝をしたのかを秋元は語ることはなかった。こうして3カ月近くをかけて3件の売掛金回収を終え、秋元には約束通りに回収額の10%の約70万円を現金で支払った。

秋元はその後昼の顔になり、在庫品の処理販売などで以前通りの動きに戻ったが、取引量も徐々に少なくなっていった。ところが、それから6年ほど経ったある日に突如秋元から電話がかかってきた。

「ちょっとやばいことになり、今度は俺が身を隠すことになった。ところが持ち合わせがまったくないので、5万ほど頼めないかなあ。向こうに着いたら、恐らく来週の火曜日頃になると思うが、すぐに返すから」と夜の顔での口調だったのでそれなりの事情があると思い、「分かった」とだけ答えて、言われた秋元の個人口座へ10万振り込んだのが最後である。その後の生死確認は取れていない。

(2) ネット販売部を旭商事へ移行

グローバル通商は、これまで述べたように、創業当時からの車両輸出部と平成8年頃に新設した国内販売部の2部門があり、国内販売部は通販卸部とネット販売部からなっていた。牧村は海外から輸入していた商品を国内の仲買業者（輸入業者と通販会社を繋ぐ業者。業販卸のこと）へ卸し、同時にネット販売部では楽天などのウェブショッピングモールに店舗を開き、個人向けに販売していた。不渡りを出してから車両部はそのまま自然消滅したが、ネット販売部では受注済み商品の未発送分を処理しなければならなかった。そのため、担当の社員3名がウイークリーマンションにパソコンや資料を持ち込んで商品発送をしながら、処理後は会社を閉鎖するのか、続けるのならどのようにするのかを牧村に相談していた。ところが牧村は、借入金や未払い金の処理で頭がいっぱいで、ネット販売部の行く末まで考える余裕がまったくなかった。

話は戻るが、1月27日に加藤から紹介された磯野からその晩の返済額150万の借り入れができなかった牧村は、その街金業者との接触を避けるために近くのビジネスホテルに宿を取った翌朝一番、旭商事の島田社長へ電話を入れていた。簡単に現状を説明し、とりあえず次期納品を控えるように伝えた（この日が街金業者からの逃亡の第一日目になった）。

それまでの島田は、頻繁に9階のネット販売部を訪れて新商品の企画書を渡しながら、時には社員を食事に誘っていたようであった。何回かは牧村のいる10階も訪れて、通販会社へ卸す商品の打ち合わせを行っていた。

島田とはそのような関係だったので、一男性社員がネット販売部の現状の行く末を島田にも相談したところ、島田とネット販売部との間で話が進んでいったようだ。そして平成16年の2月末に、島田から電話があった。このころ牧村は、ウイークリーマンションから市街地のUR賃貸マンションに移っていた。島田の提案は、ネット販売部の件でまず牧村と話し合い、双方で合意すれば、その後ネット販売部の全員を含めて話し合いたいとのことであった。

ネット販売部の全社員がこの仕事を今後も続けたいとの強い意向であることは、牧村も分かっていた。そこで一度、社員と一緒に家賃の安い事務所を何軒か探し回ったが、結局、一番重要なクレジット会社のカード決済がすでに使用できないことが足かせになり、社員たちも新事務所の立ち上げを断念せざるをえなかった。無論、カード決済が引き続き使用できたとしても、事務所家賃、諸経費、社員の給与の支払いのメドはまったく立たないのだから、牧村には当初から不可能なことは十分に分かっていた。そのような状況下での島田からの申し出である。社員たちの将来を考えて、牧村は快く引き受け、指定された場所へ出向いた。

島田の提案は、グローバル通商をネット販売部の全社員を含めて、そのまま引き取りたいとのことであった。もちろん、社名や屋号は変わるために新規での出店になるが、楽天やその他に出店していたモールとの交渉をグローバルの社員にしてもらい、従来通りのクレジット決済などをそのまま使用できる条件でどうだろうかということである。そして、横浜に事務所や必要機材などを全部整えるとの内容である。当然ながら、ネット販売部の社員と島田とでこれまで何回となく話し合い、売上内容、ネット販売のノウハウ、社員の給与などを全部確認したうえでの島田の決断と感じられた。

旭商事は通販業界の純粋な仲買業者である。仕入先の企画書をもらい、それを自社の企画書に移し替え、取引のある通販会社や同業の仲買業者へ流し、受注があればそのまま発注し、商品は仕入れ先から受注先に直送させ、月末に請求書を発行するという業務方式だ。どの仲買業者も同様の方式である。当時は、それまでの紙媒体を主流にした通販をネット販売が凌駕しつつある状態であった。その趨勢のなかで、広告費をそれほどかけずに個人向け販売を旭商事が模索していることを、それまでの島田との雑談で牧村も感じていた。

しかし、旭商事にはネット販売のノウハウがまったくなく歯がゆい思いで過ごしていたところに、今回、ネット販売部から行く末の話を聞かされ、島田もネット販売の持っているノウハウを知って魅力を覚えたのではないだろうか。さらに、旭商事が供給している商品もそのままネット販売に接続でき、それ以外の商品もそのまま販売できるとなると、グローバル通商が得ていた利益がそのまま旭商事の利益になる。そこで、グローバルのネット販売部を居抜きで受け入れられれば、これまでの日々の悶々が解消されると感じたに違いと牧村は直感した。しかも、牧村の現状を考えれば、牧村も絶対に受け入れてくれるはずと島田は判断し、今回の申し出になったと牧村は思った。

島田との電話後、未処理分の発送などで出向いてきた3名の社員に、島田からの申し出の内容を伝えた。島田の申し出に反対がなければ、ぜひ前向きに考えたいし、もしほかに条件があれば遠慮なく言ってほしいと、牧村は社員に述べた。3名の社員はすでに島田と数回話し合いをしているので、社員の代表者から「社長がよければ、その話を進めてほしい」との答えがあった。そこで数日後、島田、牧村それに社員3名で最終的な話し合いをもった。未処理分の整理がつき次第、社員たちは旭商事のネット販売部として継続することに落ち着き、牧村の直近の最大の悩みがこれで解消した。未処理分の整理を終えるや否や、島田と共に新たな事務所探しに入り、それまでのグローバルの事務所からそう遠くもない同一区内にレンタル事務所を見つけ、これまで使用していた機材や書類関係を運び込んだのが翌3月の初めだった。

（3）新たな業務への挑戦

平成16年の2月からの毎月70万円の借入返済、それにUR家賃などの業務維持費の20万円前後の合計90万円は、売掛債権の回収で手元に残った630万円と在庫品の売り上げで賄うことができた。しかし、以前のように海外から商品を仕入れて販売する資金は皆無で、そのうえ日々の生活費も2カ月に一度入って来る年金が、年金ローンのために14万円差し引かれた6万円しか支給されない。1カ月に使用できる金額が3万円程度となってしまい、牧村はどのように仕事を続けるか日々悩んでいた。現在でも牧村は、完済するまで月々の生活費を5万円までと決めている。

また、通販業界も、特に仲買業者は利益確保に苦慮している時期に入っていた。先ほども述べたように、楽天などでのネット販売が日を追うごとに活発化し、同一商品でも一般の通販会社とネット販売の売価に開きが出始めており、仲買業者の通販会社への卸価格の掛け率もそれに応じて下げさせられていたからである。

しかし、牧村には、これまで仕入れた商品のノウハウが蓄積されていた。売掛債権の回収と並行して新たな行動を開始した。牧村には、これまで輸入した商品の中で一世風靡というには大袈裟かもしれないが、通販業界で話題になった何点かの商品を持っていた。そこで、これまでの取引先（仲買業者）で資金的に余裕のありそうな数社を選び、これらの商品の輸入原価を開陳し、これまでのように輸入業者から仕入れるのでなく、直輸入で通販会社への卸を促すことにしたのだ。

それぞれの商品の「輸入原価リスト」を見終えた旭商事の島田社長は、

「牧村さん、こんなに儲けていたのか。しかし、輸入の場合は在庫の問題が出てくるしね。我々のような受注発注方式はそのような心配はないけれど、それにしても利幅が多いなあ、それでどうして倒産になったの？」

と訝しげに言ってから続けた。

「しかし、うちは、貿易業務や英語の分かる社員なんかいないので、直輸入は無理だよ」

「確かに、輸入商品は儲かっていましたが、うちの車両部が大変になってね、いろいろと大変だったんですよ。それはとにかく、おたくの貿易部の一員として、海外メーカーとの折衝、船積手配、輸入通関業務から倉庫入れ、それに取扱説明書の作成までうちが全部やりますから、仕入れ資金とうちへの手数料をお願いしたいのです」

「それなら一考の価値があるようだが、支払いは前払いのようだし、在庫の問題もあるようだし、うちの資金力でどこまでできるかが問題だ」

と言いながら数枚の「輸入原価リスト」を念入りに読んでいる島田に、牧村は語り続けた。

「それで早速ですが、社長、例の手袋、『ほっかほっか手袋』ですけど、そろそろ発注時期なんですよ。リストを見てもらえます？」

と、牧村は価格内容を説明した。上代価格（小売店での販売価格）は９８００円、仲買業者には35掛けの３４３０円で卸し、仲買業者は通販会社へ40掛けから高くて45掛けの３９２０円から４４１０円で卸していた。彼らの利益は１組当たり、４９０円から９８０円の間である。牧村の仕入れコストは１６００円で、１組１８３０円の売上利益があり、毎年３０００組以上を輸入して、２～３カ月で完売していたので、５

５０万ほどの売上利益を上げていた。そこで、

「社長、これまでの手袋の実績から言えば、最低でも３０００組は売れます。社長が直輸入で仕入れ、通販会社へ40掛けで卸せば、１組当たり２３２０円の利益ですから、３０００組で７００万円近くの利益になります。それでできれば、うちへの手数料として、１組３５０円いただければと、願っております。それでも社長のところには６００万ほど残ります。今年の冬は、これでどうですかね」と牧村は最後の詰めに入った。

「お宅の仕入れコストが、１６００円で、１８３０円も儲けていたとは、まるで泥棒猫だよ。これに加えて、ダーツボードとか、ほかにもいろいろおたくの輸入品を買ってきたけど、それを合計するとどえらい儲けなのに、どうしてこうなったの？　信じられないね。それはそれとして、資金的なこともあるので、ちょっと考えさせてくれる？　それから、メーカーへの支払い方法と金額も、メールで教えてくれますか」

と島田は数枚の「輸入原価リスト」をまとめながら、「次の約束があるから失礼するけど、メール頼むよ、それから手袋の発注時期も」と言って席を立った。

牧村は帰社（宅）後、５月のゴールデンウイーク明けごろまでにメーカーに発注し、メーカーとのそれまでの取り決めで、遅くとも月末までには総額の30％を材料手配などのために海外送金で前払いする。納期には約４カ月かかり、手袋は毎年10月中旬頃から購入者が出始めるので、船積は中国の国慶節前（10月１日から始まり、ほとんどの中国の会社は９月末から10日から２週間ほどの休日を取る）が必須であった。後になると日本での倉庫入れが10月末になるので、どうしても国慶節前の船積が必要なのだ。そして、残りの70％の支払いは船積一週間前とメーカーと取り決めていたので、その旨を島田氏へのメールに記した。

金額は、FOB価格が1組13・80米ドルで、当時の米ドルの為替レートは108円前後だった。そのため、30％の前払分は約150万円、残額70％分は約310万円になり、海外送金当日のTTSレート（銀行が客の円を外貨に交換する時に用いる為替レート）で多少の差異が出ることも記した。また、船積後の海上運賃と乙仲費、それに手袋の素材が化繊のために輸入関税として5％が加算されるので、その総額は約36万円になることも、後での問題を避けるため詳細にメールに記した。

上記の要領で、当時評判の良かった「電子ダーツボード」を購入してくれたリオン社の内村社長にも、旭商事と同様の説明で提案してみた。内村も島田と同様に利幅の高さに驚きを見せ、検討させてほしいと回答してきた。別の2社にも他商品で同様の提案をし、それぞれの回答を待つことになった。

「ほっかほっか手袋」、この商品は牧村が平成8年に国内通販売を始めるきっかけになった第1号である。しかも日本市場に初登場した元祖的な商品でもあった。それ以来冬季の代表的な商品となり、毎年3000組以上を完売しており、主にリオン社、マックス社、それに旭商事が中心になって通販会社を通して販売してくれていた。その中でも、リオン社が数量的に一番の販売実績を持っていたので、旭商事よりもリオン社にこの手袋を提案しようと当初考えたが、多少の資金的な不安があったので、資金的に余裕がありそうな旭商事に提案することにしたのであった。

旭商事に手袋の話をして1週間ほどした4月の半ば過ぎ、旭商事の島田から電話が入った。受話器を取り上げると、島田独特の挨拶言葉が耳に入ってきた。

「まいどう、牧村さん、島田です。例の手袋の件だが、社員ともいろいろ相談してみてやることにしたので、できれば早めに会って相談したいが、いつ会える？　それと、牧村さんの知っているマックス社の大西さんも参加したいとのことで、数量的には6000組になると思う」

まったく予期しない話になってきたと牧村は一瞬思った。確かに、旭商事とマックス社の事務所は歩いて数分のところに位置し、双方は結構親しい業界仲間と耳にしていた。島田は、旭商事が新たに設けた横浜事務所で、翌日の午後2時ごろの来社を提案してきた。

(4) 完済に向けた一歩目の商談成立

旭商事の新たな横浜事務所は、今後の牧村の行く末にも大いに関係があった。新たな横浜事務所にはすでに数社が入居しており、一室を共同会議室として使用できるようになっていた。そこで島田と詳細な最終打ち合わせに入った。島田が仕事の上でも親しくしているマックス社の大西社長に「ほっかほっか手袋」の直輸入販売の話を持ち掛けたところ、手袋の販売実績のあるマックス社も興味を示し、双方でそれぞれ3000組を販売テリトリーを決めて、独占販売をすることになったと牧村に話した。そして、発注は旭商事で取りまとめ、6000組の支払いは旭商事が責任をもって行うとのことであった。

ところが、旭商事には貿易の経験がまったくないので、海外送金の手配も含めて牧村に業務に参加してもらえないかとの依頼である。送金当日の米ドルレートで円換算された金額がメールかFAXで入り次第、牧村の銀行に振り込む方法で、この6000組の商談がこれでまとまった。そして、「1組350円の牧村さんへの手数料の入金は、早くても今年の11月以降でお願いしたい」とのことで双方納得した。

とりあえず11月から12月以降の資金繰りが確保できた牧村には、これからの果てしなき完済への道にほんのわずかな一つの光が見えたように感じた。そのためには、11月までは何が何でも私募債以外の借入金返済が期日通りに実行できる段取りをつける決意を固めた。

帰社（宅）するや否や、牧村は中国メーカーの女性担当者に、今年の発注量は６０００組になるが、２種のシッピング・マーク（荷印）と２種の取扱説明書の作成になることを告げた。船積はこれまで通りの中国の国慶節前の9月末で、30％の前渡金の送金は日本のゴールデン・ウイーク明けの送金になると続けた。それにＦＯＢ価格はこれまで同様の13・80米ドルであることの確認メールを入れた。折り返し女性担当者から、9月末までの船積、２種の荷印と取扱説明書は大丈夫との回答メールがあり、Ｐ／Ｉ（プロフォーマ・インボイス――見積送り状）が添付され、内容がＯＫであれば署名の上、メール添付での返送を要求されていた。翌朝一番に旭商事の島田社長にＰ／Ｉを添付したメールを送り、電話で内容を説明してから、Ｐ／Ｉに記された前渡金２４８４０米ドルの送金日をゴールデン・ウイーク明けにする了解を取った。そこで、牧村の署名をしたＰ／Ｉをメーカーの女性担当者にメール添付で送信し、この注文の第一段階の作業を終了させた。

(5) 中山氏へお礼の電話

こうして多少余裕が見え始めた10月末頃に、40万円の用立てを快く応じてもらった中山氏に返済予定の電話を入れた。これが用立てをお願いしてから初めての電話である。言い換えれば、その間一回も連絡を取っていなかったことになる。

「中山さん、牧村です。用立てをお願いしておきながら、連絡できず申し訳なかったです」

と心の中では感謝と返済遅れのお詫びが共存していた。この40万円のおかげで、新たな業務を進めるにあたりどうしても先に処理しなければならない乙仲、仕入先など数社への未払金の処理ができたのだ。牧村は感謝の気持ちでいっぱいだった。

「牧村さん、全然連絡がないので心配していたよ。もうだめかと思っていたところで、それでどうなの?」

「おかげさんで、仕事を続けるうえでどうしても先に処理しなければならないところをすませることができました。返済が最後になって本当に申し訳なかったけれど、やっと来月にはお借りした40万円をお返しできるようになったので、振り込み先の銀行と口座番号を教えてもらおうと思って電話したんです。本当に長い間申し訳なく、ありがとうございました」

「それはよかった。牧村さんも分かっているように、車関係も段々苦しくなってね、でも、最後とはね」

と、少し間をおいて、

「でも、よかった。それでいつ振り込みしてもらえる?」

「月末に入金があるんで、11月初めの1日ないし2日には振り込みするので、メールで銀行名、口座番号と口座名を知らせてください」

牧村は振り込み後に中山氏の都合のよい日の夕食を促して、電話を切った。

平成16年1月末の不渡り後、業務再開の足かせになっていた未払金は、中山氏が快く用立ててくれて全額を処理することができた。売掛債権も秋元氏の夜の顔で、多少時間を要したが全額回収できた。それに、一番牧村の頭を悩ませていたネット販売部の行く末も、旭商事が居ぬきで引き受けてくれることになった。

「ほっかほっか手袋」も旭商事との6000組の契約が成立し、手袋も予定通り9月末までに船積みされ、予定していた10月中旬前に指定倉庫に搬入されて、全て予定通りにことが運んだ。旭商事の社長とのその後の話し合いで、牧村の手数料（350円×6000組の210万円）は3カ月に均等分割されて、1回目の70万円は11月末発行の請求書に対し12月末の支払、2回目、3回目も同様に1月末、2月末の請求書に対して翌月末支払いになった。これにより牧村12月以降3カ月の資金繰りが確定したことになった。

第19章　平成17年から18年の歩み

（1）台湾のマックススポーツ社

平成8年の降ってわいたような「Heating Glove」がきっかけで、牧村は国内販売部を立ち上げた。グローバル通商は車両部が車の仕入れで支払う消費税立替分（輸出のために3カ月ごとの税務申告で還付されるが、還付されるまでさらに3カ月ほどかかり、当時は毎月7000万円ほどの仕入れに対して350万円前後の消費税を立て替えていた）に苦しんでおり、輸入商品を国内販売での仮受消費税で相殺できれば、月々の仮払消費税もその分楽になると判断したからである。その以前にグローバルを退社した葉山が国内販売を専業にしていたので「手袋」の共同販売を持ち掛けてからは、葉山と行動を共にして、通信販売会社でどのような商品が売られているかの調査結果を持って、翌9年の春季に開催された中国の広東見本市、香港見本市、それに台北見本市を順に訪れたことがあった。

当時の国際空港であった松山空港は台北にあり、その近くに台北国際貿易センターがあった。その1階に台北見本市の展示ブースが開かれ、2階にはそのブースで展示されている商品の出品者の事務所が設けられていた。牧村が1階の各ブースを見終わり、2階の事務所内にも展示されている商品を順に見回っていると、健康器具などを扱っている事務所の中央あたりのデスクに座っている男性と目が合った。男性は事務所内に入るように手招きしているので、引き込まれるようにそのまま入り、事務所内の展示商品を見回った後、デスクを挟んで男性の前に座った。しばらく話していると、男性の元に国際郵便の小さな貨物が配達されてきた。男性はその場で小包を開封して、デスク上に並べた。それは電池で作動するバイブレーターで、日本の通販業界ではちょうど品不足になっている商品に酷似していた。グローバルの事務所の近くにあり新聞広告を主体にしていた通販会社の社長から、会うたびに「これに似通ったバイブレーターはないか？」と問われていたところでもあった。

牧村が男性にＦＯＢ価格を確認すると、2・80米ドルと答えた。１０００本程度であれば、納期は入金確認後1週間から10日ほどで出荷の用意ができるとの返事で、その男性は「ジェームズ」と名乗り、「マックススポーツ」という会社であった。牧村は見本に1本もらい、ホテルに帰るやホテルの電話交換台を通してその通販会社の社長に電話をいれ、今持ち帰ったバイブレーターの商品のサイズと形状を詳細に説明し、「今発注すれば、遅くとも2週間内に納品が可能だが、どうするか？」とたずねた。

「牧村さん、お宅は輸入業者だから、上代は６８００円で35掛けであれば１０００本全部買ってもいいよ。ただし、その見本を見てからだ」と社長に釘を刺された。６８００円の35掛ならば２３８０円である。当時為替レートが１１０円ほどだったので、2・80米ドルなら３０８円となる。航空便で輸入しても合計５００円ほどであるから、１８８０円の利益が出るので、今回の出張が十分にカバーできると計算したうえで、「明朝の便で帰国し、夕方社長の事務所に見本を持参するので、見てＯＫであれば、即発注できるようにメーカーとの手配を取って帰ります。それでは明日、お願いします」と応えた後、ジェームズの名刺の電話へかけ、明日の夕方ないし明後日の朝までの最終確認を待ってもらうように伝えた。

早速持参した見本は受け入れられ、予定通りに2週間内に1000本が納品されて、以後も定期的に仕入れられることになった。これを皮切りにいろいろな中国製商品が、通販会社への卸とネット販売向けにジェームズを介して輸入販売を開始することができた。ジェームズとも厚い信頼での取引が続いていた。ところが、街金問題で1年ほどジェームズとの音信が途絶えてしまっていた。そこで、牧村の体制がほぼ整った平成17年の春先、ジェームズとの取引を再開することができるにいたったのは、借入金完済への主たる原動力となる可能性を秘めていた。

(2) 平成17年の歩み

多少資金的に余裕が感じられるようになった平成17年の年頭、牧村は次の一歩を考え始めた。これからの毎月の借入返済金と業務費の確保をしていきたいが、商品を独自で仕入れて販売する資金は到底ない。できるのは商品情報を入手し、手袋方式での手数料収入が現状に合った最善の方法であると、牧村は結論づけた。そこで、中国の厦門《アモイ》に事務所を移した台湾のマックススポーツのジェームズへメールで近況報告をした。音信不通になっていた状況を、不安を抱かせないような理由をいろいろ考えつくのに牧村は苦労したが、これからの新しい業務方式を説明することが主である。今の牧村には通信販売用の新商品を探し求める顧客が定着しているので、そのような会社に直輸入させる案を、「手袋」の件を例にして伝えておいた。

ジェームズが牧村の提案に徐々に賛同してくれるようになったところで、中国の旧正月前に中国商品の市場調査を含めて訪中したいとジェームズにメールした。ジェームズからは、「日本と同様にほとんどの会社は旧正月の開始日から数日前に休暇に入るので、2月2日に日本を経ち5日ないし6日に帰国する予定はどうか？」と返信があり、「OKであれば、調査したい商品リストを早いうちにメールしてくれれば、それらの会社への訪問手配を取る」ことも記されていた。

牧村は早速、日本の売筋の商品と通販会社が興味を持ちそうな商品のリストを作成し、リスト以外でも変わった商品を知っていれば見たい旨のメールを入れておいた。数日して、ジェームズから返信があり、「まずは上海に来るように。そこから車で杭州に向かい、知り合いの業者が何人かいる永康《ヨンカン》で、リストに記された商品のメーカーを2日かけて十分に回る。それでまだ時間があれば、その近くの義烏《イーウィ》にネット通販用の商品を製作・販売している地域があるので、そこも予定に入れられる」とあった。

予定通り2月2日に上海浦東国際空港に到着した牧村は、10年ぶりにジェームズの顔を見た。用意されていた車で杭州のホテルに投宿し、翌朝早く車で向かった永康で数々のメーカーと業者から商品リストに載せた商品の紹介などと共に渡されたカタログで、牧村のバッグはいっぱいになった。義烏地域も訪れ、そこでも数々の店舗から、日本の通信販売会社が興味を持ちそうな商品のカタログを持ち帰った。

最大の収穫は、ジェームズが今後の牧村の業務方式に全面的に賛同してくれたことだった。これからは、日本の通信販売会社と中国や台湾のメーカーとの間に牧村とジェームズが仲介者となり、牧村は買主の立場、ジェームズは売主の立場として動く。そして、それぞれの取引がスムーズに運ばれるように牧村とジェームズが調整する。また、買主の支払いは、基本的には買主がジェームズにL／Cでなく海外送金で直接させるが、買主の要望があれば牧村がそれを代行する。そういう基本的な取り決めが今回の中国出張中に確認され、ジェームズとの新たな出発になった。

一方、「手袋」で計算された収益を上げた旭商事の島田社長からは、新たな提案があった。牧村も社長には、何度か海外の貿易見本市のことを話していたが、毎年4月ごろに広東見本市がスタートし、その後順に香港見本市と台湾見本市が開催されることになっている。そこで、ネット販売の社員1名、本社から1名、それに島田社長自身を香港見本市に同行してほしいとの要請であった。牧村は、ジェームズにも香港に来てもらい、社長や社員をジェームズに紹介する逆提案を社長にした。海外メーカーとの価格交渉や、輸入後に発生した品質などの問題でのメーカーとの交渉解決に関して、輸入国の我々から直接メーカーにするよりもジェームズのような現地の商社を通して交渉した方が、、はるかにスムーズで短期間に、しかも我々の希望通りに運ばれる可能性が高い旨を社長に説明した。確かにメーカーからの直買いよりもジェームズの手数料分が高くなるが、それは価格交渉や、後々の品質トラブルなどが生じた時の一種の保険料として考えた方が得策と、牧村のこれまでの輸出入業者としての経験に基づいて力説した。

4月6日、予約してあった香港のホテルにチェックインし、夕方ジェームズが訪ねてきた。社長と2名の社員にジェームズを紹介後、ジェームズが手配したレストランで、社長に説明したジェームズの役割と今後の輸入業務の流れを2名の社員に説明し、また幸いなことにジェームズも片言の日本を解していたので、ジェームズの片言の日本語、時には英語を交えて、特に夕飯後のジェームズの手配したキャバレーで盛り上がった。

翌日の滞在1日目は香港見本市に出かけ、牧村とジェームズは通訳として旭商事の社員と共に終日各ブースを回り、数多くのカタログなどを収集した。2日目は、牧村がこれまで香港で取引した数社のメーカーと商社に案内し、特に親交の強かったオンテックス社では、それまで牧村がオンテックスから輸入国内販売した商品を説明し、ジェームズにはこれらの商品はジェームズを介さない旭商事とオンテックス間の直取引になる旨を説明して、ジェームズとオンテックスに了解してもらった。

4月9日に香港啓徳空港からジェームズに見送られて帰国し、その翌週あたりから坂道を石が転がるように、旭商事のそれぞれの担当者から見積依頼が入り始めた。その中に、ネットやカタログ通販それにTV広告でも話題になっていた商品に似通ったものがあった。左右の足腰を前後に自力で動かすフィットネス器機である。TV広告で見る商品と同一の動きであるが、形が多少異なる。担当者の話では、この商品は香港見本市で見たもので、帰国後にお客に話したら要望されたので、見積と見本1台という依頼であった。牧村は依頼を受けるや否や、ジェームズにメールを入れて同商品メーカーの見積と見本1台を手配させた。翌日にはジェームズから、20コンテナ（400台入り）で価格は1台FOB27・50米ドルで、見本は無償だが送料は着払いとある。見本1台はDHLの着払い方式で旭商事のネット販売部の横浜事務所へ送らせた。

この商品が思わぬ結果をもたらし、テスト販売目的で輸入した1回目の発注は半月ほどで完売し、その後は月に2回の発注で、しかも4回目あたりから40コンテナで832台の輸入になった。それから1年以上この商品の販売が継続し、都合24本のコンテナで合計18240台以上の輸入販売数に達した。旭商事はこの商品だけで1年間に3000万円以上の売上利益を出したはずで、牧村も1台300円の手数料で500万円以上の手数料を得た。

平成17年は、上記の商品以外にも、竹製の枕、オンテックス社の子ども向けのミュージックボード、バイブレーター、スノアストッパー（いびき防止）、電子ダーツボードなどの牧村が以前から輸入販売していた商品を継続して旭商事やリオン社で輸入販売された。無論、手袋も冬季商品として輸入販売されて、旭商事の定番品としてそれから毎年取り扱われている。

（3）平成18年の歩み

平成18年の3月頃までフィットネス器機の輸入が続き、牧村もこの商品で毎月50万円ほどの手数料は確保できたが、4月頃からこの商品も市場から徐々に消え始め、旭商事も在庫品の処分販売に入った。定番の手袋の手数料が入る11月までは、前年から継続しているスノアストッパー、電子ダーツボード、竹枕、それに新たに鹿児島の業者から平成8～9年に一世風靡した「ローリングストレッチャー」の注文が入り、旭商事と同様に支払いはこの業者にお願いし、手数料のみを頂戴した。これら以外にも旭商事、リオン社、マックス社から細かい発注依頼があったがいずれも継続性がなく、牧村も資金的に苦しい状態が11月頃まで続いたが、保証協会、商工ローン2件そして国民金融公庫（2件の内1件の返済はこの年の3月15日に完済）を遅延なく返済した。

12月に入って、それまで国会などで議論されていた商工ローン、カードローン、その他の消費者向けに使用されていたグレーゾーン金利に対して利息制限法が施行され、借入金額または残額が100万円以上の場合は年利15％、それ以下の場合は年利18％に設定された。牧村は、この利息制限法に基づき、これまでの返済額から過払い分を計算したところ、1社の借入金は翌年5月7日の返済で完済、もう1社の方は翌年6月18日の返済で完済することが判明した。これが平成18年の年末最大のお歳暮になった。

第20章　平成19年から29年の歩み

平成19年から21年の3年間は、それぞれの年に何点かのヒット商品を生み出し、その中には現在も販売を継続している息の長い商品も生まれた。また、商工ローン2件も平成18年末に施行された利息制限法のお陰で完済し、国民金融公庫の残り1件も平成19年9月15日に完済した。これで残る借入金は、私募債の1000万円と市・県の保証協会だけになったが、双方合わせればまだ約9000万円の残になる。それでも、牧村の月々の返済は両保証協会に15万円の1件だけになった。

(1) 平成19年の歩み

平成19年に入っても、まだバイブレーターや電子ダーツボードは輸入販売されていたが、バイブレーターは4月の発注が最後になった。そして3月頃に、旭商事のネット販売の社員から1枚の広告紙を見せられ、「その商品を探してほしい」との依頼を受けた。健康器具の1種で市場では「ぶるぶるマシン」と呼ばれていた。その広告紙をスキャンし、ジェームズにメールに添付して同等品のメーカーと見積と見本を依頼した。ジェームズの動きは早く、翌日には1台FOB156・00米ドルの価格と商品写真を添付したメールが送られてきた。見本はＤＨＬ費用を含めて1台４９７・00米ドルで入金次第出荷可能とも記されていた。

ＤＨＬで到着した見本は、細かい違いはあったがほとんど広告紙の商品と同形で、主柱に「Crazy Fitness Massage」と印刷されたラベルが貼られていた。担当者は数日間のテスト運転の結果、ＯＫとの判断で第1回目の発注１３２台を3月下旬に出した。商品名のマッサージという言葉は薬事法に抵触する可能性があるため、主柱に貼られるラベルを「Crazy Fitness」に変更することを条件にした。この商品は現在もなお継続販売されている。

6月に入ると、旭商事のネット販売部から、ＤＶＤなどで話題になった米国のドラマ『24—TWENTY FOUR—』の主役ジャック・バウアーが使用しているキャンバス製のバッグを探してほしいとの依頼が入った。牧村も『24』をレンタルビデオで冬の間に観ていたのでどのようなバッグかは知っていたが、どこで販売されているかはまったく分からなかった。ジェームズに聞いても彼自身『24』が初耳で、何ら情報は得られなかった。

牧村がインターネットでその発売元を検索してみると、米国のロスコ社で販売している「Messenger Bag」がどうもそれらしいと英文で書かれていた。早速、ロスコ社のホームページでカタログを見てみると製品番号９１４５の「Classic Messenger Bag」が『24』で使用されているバッグのように感じた。すぐにロスコ社にメールを入れて確認を取ったが、先方の回答は「この件に関して当社からの回答はできないが、世間ではそのように言われている」とのことである。間違いないと確信して、見本1個を着払いで要求したら快く受け入れてくれた。旭商事の担当者にその旨を報告し、数日後に到着した見本を確認してから、ロスコ社の言った「世間ではそのように言われている」を信じることにした。ＦＯＢ９・90米ドルで６００

個の発注要請をR社から受け、ロスコ社への発注と送金手配を取った。この商品も旭商事の定番商品になる。平成24年9月の発注で最後になったが、その5年間はこの手にしては長期の販売期間であった。

手袋も例年通り5月に５０００組発注され、従来通り10月上旬に入荷し、翌年1月中旬に完売した。バイブレーターと電子ダーツボードは平成19年の前半で終了したが、新たなCrazy Fitnessとバッグで年越を迎えることができた。しかしこの段階でも、毎月の普通預金残高は20万から30万円で、私募債の償還まではほど遠い資金状態であった。

（2）平成20年から21年の歩み

平成20年から21年の2年間は、これまでの継続商品に加えて、新規のペン型ビデオカメラとペン型ボイスレコーダーで明け暮れた。特にペン型ビデオカメラは通信販売業界では相当の話題になり、納期遅延を避けるために全てＤＨＬを利用しての中国からの出荷になった。

ところが、平成21年9月15日に、輸入業界に躍進をもたらす世界的な金融事故が米国で発生した。リーマン・ショックである。この事故が発生するまでのドル円レートは１０８～１１０円で推移していたが、事故発生後は円高傾向に走り、その影響は10月頃から現れ始め、11月に入ると１００円、12月末には89～90円前後までの円高が進み、さらに平成23～24年の79円台をピークにして25年の後半まで円高に傾き、翌26年は１２１円台を推移した。

旭商事の為替差益は相当の額になったはずだが、牧村の手数料は円で固定されていたために為替での恩恵はまったくなかった。18年度の各月の普通預金残も前年度と変わりなく、20～30万円であった。

（3）平成22年から29年の歩み

平成22年1月のドル円レートは90円前後から始まった。旭商事のネット販売部からは、電気式ヘアアイロンが新規の商品として1月に持ち上がった。ジェームズを通していろいろなメーカーのモデルを取り寄せ、それぞれの見本を取引先に持ち回り、やっと5月に第1回目の５００本の発注依頼が入った。このヘアアイロンは、旭商事と牧村のその後の中心商品に定着し、このヘアアイロンを中心に、牧村はこの年から平成29年まで毎年3、4回の旭商事中国出張に同行することになる。

平成24年の8月に、やはり旭商事のネット販売部でワインセラーが新規品として採用になり、これも以後定番品として輸入販売が開始された。円高に乗じて、ウルトラソニック歯ブラシ、シューズ、新たな健康器具も輸入販売されたが、数回での輸入で終了してしまった。そのうえ、過去2年間お世話になったペン型ビデオカメラも、世間で盗撮との物議をかもしてしまったため、平成22年2月の発注が最後になった。

一方、ヘアアイロンの人気は持続し、平成22年から29年の8年間に黒色のストレートタイプのヘアアイロンを主流に、カール型、ミニタイプ、本体色の異なるモデルなど１００万本以上が輸入販売され、牧村の1本の手数料は平均して約42・50円であった。当初は50円であったが、先ほど述べた通り、平成25年後半から徐々に円安傾向が強くなり、26年には１２１円台になってきた。これはドル高による円安であったため、中国のメーカーから特に材料費の高騰、さらに人件費の高騰でＦＯＢ価格の上昇を余儀なくされ、牧村も旭商事の要請で平成15年12月請求分から1本35円に変更したということである。

この8年間の牧村の総額手数料収入は、ヘアアイロンと他の商品（クレイジーフィットネス、ワインセラーなど）を合わせると、８５００万円前後になる。営業費とＵＲの家賃、それに保証協会の返済額15万円を加算すると月々33万円ほどなので、年間約４００万円前後の支出になる。したがって、この８年間の経常利益は合計で約５３００万円前後になっていた。

私募債は、平成13年10月に公募とは名ばかりで、親兄弟や友人を中心にお願いし、それを見かねた当時の税理士の方が60万円を引き受けてくれて１０００万円の金額になったものである。償還期間は３年で年率２・５％の条件であった。約束通りに実行すれば３年後の平成16年10月に償還しなければならなかった。そして、約束の償還日から遅れること７年目の平成23年半ばから翌年の半ばにかけて７年間の年利２・５％と詫状を添えて全額償還し、後は保証協会への完済だけになった。平成15年10月までは６カ月ごとに年利２・５％の利子を払っていたが、その後は支払い不能になると同時に牧村からの連絡が途絶えた状態になってしまった。そのため、私募債償還の通知に驚き、諦めていたお金が臨時収入のように感じさせ、しかも銀行の定期預金利息よりも高い年利２・５％付きで償還されたのだから、喜んでくれた方もいた。

平成29年11月末での両保証協会の借入残高は、これまでの月々15万の返済で６２００万円ほどになっていた。牧村は当初から保証協会の借入金は一括返済を念頭に置いていた。両保証協会からは、月々の返済額の増額の要求がたびたびあったが、その都度一括返済の計画を伝え続け、平成29年11月に担当者と電話で話した際に、一括返済まであと2年待ってほしいと伝えた。あと2年間の毎月15万円の返済で合計３６０万円が返済され、その残額は６０００万円を割ることになる。現在グローバル通商が有する資金量とこれから見込まれる手数料収入で計算すれば、２年での一括返済の可能性は十分あると判断しての、保証協会への返事であった。

牧村は、当初75歳までに保証協会の借入金を一括完済する予定で頑張ってきたが、特に平成22年以降8年間に生じた紆余曲折を経た結果、あと2年延ばして77歳の完済を再目標にし、今も日々奮闘中である。

おわりに

顧みれば、76歳を迎えようとする牧村の人生は、昭和16年12月8日に真珠湾攻撃で勃発した太平洋戦争から4カ月した昭和17年4月4日に誕生したものの、高校入学までの記憶はあまり残ってない。ただ、いまだに鮮明に残っている記憶は、昭和24年4月に小学校に入学した時の女性の担任先生の名前（土井）とその顔立ち、先生から「将来何になりたいか？」と聞かれて「大工さん」と答えたことだけである。それ以外、小学校6年間の記憶はほとんどない。中学時代も数人の友人の名前しか記憶にない。その中の一人が私募債を受け入れてくれていた。

ところが、中学3年の高校進学受験時と高校時代からの記憶は鮮明に残っている。やはり、中学卒業までは義務教育で敷かれたレールの上をただ進むだけで、相当の変化や特別なことが起こらない限り変化のない日々は一つの空間になり、時間ないし期間だけの記憶になるのかもしれない。

高校受験時から、これまでの「敷かれたレール」から自身の選択の行動が始まり、高校受験はからくも合格したが、受験を試みた普通科ではなく商業科となっての合格であり、牧村の真の人生がここから始まったように思える。今思えば、高校受験で商業科に合格できたことに感謝している。運よく普通科に合格していたら、今とはまったく違った人生を歩んでいたことだろう。卒業後の約半年間の名古屋での生活でも得られたものは多く、その後の半年間の大学受験準備中に偶然会った中学時代の友人からもらった1冊の英語の参考書が、その後の牧村の人生の第一の元になった。

第二の元は、大阪万博の時に台湾のお客を案内している最中、京都駅で偶然大学時代の友人に会い、それがきっかけで昭和47年に「横浜通商」設立の運びになった。その時その友人に会わなければ、まったく異なった今になっており、どのような今になっているかはまったく想像がつかない。

それ以降も、偶然と思われる「予期せぬ出来事」に遭遇し、その時の決断や選択がその人のその後の人生の導きとなる。今日まで牧村もいくつかの偶然、予期せぬ出来事に遭遇し、その時その時の状況に応じてベストと定めた決断や選択した結果、生じたその時その時の現状にまったく後悔していない。あの時安易な決断や選択をしていれば現状より悪い状況になっていたはずと、常にポジティブに、前向きに考えてきたし、今もその考え方に変わりはない。一括完済までに残された時間まで、多少それが遅れたとしても、その気構えで奮闘する決意で、一括返済完了と共にこのグローバル通商の幕引きにもなる。

両保証協会への一括返済のめどが立ち始めた74歳の時、これまで担ってきた輸入業務の海外送金手配、ジェームズへの送金案内や船積関係などのルーティン業務を旭商事およびリオン社の担当者へ移行することを牧村自身が決め、ジェームズとの直接やりとりを促した。

当初は英語の問題があるために翻訳ソフトでの英語を余儀なくされたが、それらの英語を添削し、誤解を生じさせないような英文にしてジェームズにメールを送らせてすでに2年近く経過した現在、ジェームズとのやりとりにそのような添削も不要になっている。ただし、品質問題、船積の遅延やその他のトラブルが生じた時は、牧村の出番になる。2年先に訪れるグローバル通商の幕引きまでには、完全移行も残された目標の一つである。

以前快く40万円の用立てに応じてくれた中山氏とは、平成29年の春季を終えた頃から国内販売での新たな路線をジェームズを通して開始し、１年先には軌道に乗るよう中山氏と共に日々奮闘中でもある。

諸見公一路　（もろみ・こういちろ）
1942年、石川県生まれ。小規模貿易商人（A Merchant with One Telephone and One Desk）として、終始その時代その時代の内外で求められた各種商材の輸出入、そして時には海外弱小メーカーの品質等アドバイスに携わり、現在国内商社の貿易実務コンサルティングに従事している。

偶然に賭ける男　横浜・貿易商人孤軍奮闘の歩み

2018年7月25日　第1刷発行

著　者　諸見公一路

発行所　株式会社風塵社《ふうじんしゃ》
〒113 - 0033　東京都文京区本郷3 - 22 - 10
TEL 03 - 3812 - 4645　FAX 03 - 3812 - 4680

印刷：吉原印刷株式会社／製本：株式会社難波製本
装丁：閏月社